Die Meißelschrift vom Glauben an den Geist

Seng-ts'an

DIE MEISSELSCHRIFT
VOM GLAUBEN AN DEN GEIST

Das geistige Vermächtnis
des dritten Patriarchen des
Zen in China.

Mit Erläuterungen von
Soko Morinaga Rōshi

Aus dem Chinesischen
und dem Japanischen übersetzt
von Ursula Jarand

Otto Wilhelm Barth Verlag

Inhalt

Einleitung

Das, was wir über Sōsan (chin. Seng-ts'an), den dritten Patriarchen des Zen in China wissen, ist nicht sehr
viel und auch nicht eindeutig.* Im *Kosoden* (chin. *Kao-
seng chuan*), einem Werk des buddhistischen Kanon,
findet sich zwar einiges über den zweiten und auch
über den vierten Patriarchen, aber beim dritten Patriarchen beschränkt es sich auf eine bloße Namens-
erwähnung.

Erst 150 Jahre nach seinem Tod im Jahre 606 (Sui-
Dynastie) wurde seine Lehre während der Tang-Dy-
nastie plötzlich bekannt und anerkannt, und es entstanden verschiedene Legenden über seine Person und
sein Leben. Deshalb bleiben für diejenigen, die am Leben des dritten Patriarchen wissenschaftlich interessiert sind und historisch belegbare Daten und Fakten
wünschen, sicher manche Fragen offen.

In japanischen Schulen wird heutzutage im Ge-
schichtsunterricht größter Wert auf Altertumsfor-
schung gelegt, auf Funde, anhand derer sich bestimm-

---

* Soko Morinaga Rōshi benutzt als Japaner bei chinesischen Namen
und Werktiteln die japanische Lesart zuerst und fügt die originalchine-
sische Lesart beim ersten Auftauchen in Klammern hinzu (Anm. d.
Übers.).

te Dinge und Sachverhalte rekonstruieren lassen und die Rückschlüsse auf gewisse Tatsachen zulassen. Das ist ohne Zweifel wichtig, aber was darüber ein wenig in Vergessenheit geraten ist und kaum mehr gelehrt wird – und ich glaube, daß darin ein Problem liegt –, das sind unsere alten Mythen. Was uns in diesen Mythen überliefert wird, sind die Gedanken unserer Vorfahren, ihre Art, Geschehnisse zu begreifen, ihr Verständnis von sich selbst und der Welt, in der sie sich bewegten. Dieser Geist wird, so glaube ich, viel stärker in Sagen als durch archeologische Funde übermittelt, und diese Sagen sind deshalb etwas, das wir nicht einfach übergehen oder vergessen sollten.

Unser tägliches Leben ist unumgänglich mit dem Gebrauch von stofflichen Dingen verbunden, von Dingen, die Spuren hinterlassen. Gleichzeitig gibt es die geistigen Aktivitäten, die keine sichtbaren Spuren zurücklassen und deshalb oft schwer zu überliefern und zu belegen sind. Aber müssen wir sie nicht gerade deshalb besonders wichtig und ernst nehmen? Wichtiger als Fragen zu der Person von Sōsan und dem Problem, ob er den vorliegenden Text, das *Shinjinmei* (chin. *Hsin-hsin ming*, die «Meißelschrift vom Glauben an den Geist»), tatsächlich verfaßt hat oder nicht, ist deshalb, so glaube ich, der Inhalt dieses Gedichts.

Das Wort «Shinjinmei» ist aus drei chinesischen Schriftzeichen gebildet. *Shin* bedeutet Glaube, *Jin* bedeutet Geist, und *Mei*, hier übersetzt mit «Meißelschrift», hat die Bedeutung einer Botschaft, die in Stein oder Metall gemeißelt oder graviert wurde, damit sie für die Nachwelt erhalten blieb – etwas, das man sich selbst zur Mahnung ins Herz geprägt hat und auch den Nachkommen als Ermahnung überliefern möchte, damit sie nicht auf falsche Wege geraten und sich auch ihrerseits das Wahre tief und gut einprägen können.

Religion ist einerseits wirklich ein kostbarer Schatz, andererseits aber auch etwas, das viel Schaden anrichten kann und voller Fallgruben ist. Ganz gleich, ob man die Lehre an sich sieht oder die Übungsweise und das Leben ihrer Anhänger – die Fälle, in denen Menschen aufgrund einer Religion unglücklich, in ihrem Namen unterdrückt wurden oder sogar Kriege führten, sind leider zahllos.

Betrachtet man den Inhalt des *Shinjinmei*, so kann man wohl mit ziemlicher Sicherheit sagen, daß ein Grund, warum es verfaßt wurde, in der Absicht lag, die wahre Lehre, die den Herzen der Menschen Frieden geben kann, niederzulegen und den Hinweis auf das Wahre klar und deutlich zu hinterlassen.

Wir alle sind zumeist durch und durch von einem Gefühl der Selbstliebe geprägt. Was wir auch tun, wir bemühen uns, anderen überlegen zu sein, und wollen unsere Überlegenheit und Größe von anderen anerkannt und bestätigt wissen. Wenn es uns nicht gelingt, als guter Mensch Bestätigung zu finden, gehen wir vielleicht so weit, uns zu bemühen, als schlechter Mensch aufzufallen, um wenigstens auf diese Weise bestätigt zu werden. Irgendwie versuchen wir immer, uns selbst zur Schau zu stellen, und das ändert sich durch religiöse Übung nicht von heute auf morgen. Auch dort kommen wir nur schwer zum Eigentlichen und bleiben leicht bei einer Übung des Sich-selbst-zeigen-Wollens stehen. Wir fallen dann in eine Übungsweise, bei der es hauptsächlich darum geht, das eigene Ego aufzublähen und zu stärken, damit wir andere übertreffen können. Oft versteifen wir uns dann auf eine Auffassung, die von der Auffassung anderer abweicht, und sind selbst felsenfest überzeugt, daß unser Verständnis dem der anderen weit überlegen ist. «Das muß so und so verstanden werden, deshalb habe ich recht und du hast nicht recht...» An diesem Punkt entstehen dann oft Dispute über Dogmen oder Glaubensstreit.

Da religiöse Übung leider nur zu oft und leicht in diese Richtung abweicht, wurde uns die *Meißelschrift vom Glauben an den Geist* hinterlassen. Auch wenn Sōsans Biographie nicht sehr klar ist, gibt es doch eine seit vielen Jahrhunderten überlieferte Beschreibung seines Lebens, die es bestimmt wert ist, daß wir sie genau betrachten und uns zu Herzen nehmen. Denn abgesehen davon, ob sie historisch wahr und belegbar ist oder nicht, kann man allein der Tatsache, *daß* sie bis zum heutigen Tag überliefert wurde, einige Bedeutung beimessen.

Wir wissen nicht, wann und wo Sōsan geboren wurde. Bekannt ist nur, daß er wahrscheinlich ziemlich lange als Laie gelebt hat und mit ungefähr vierzig Jahren zu Eka (chin. Hui-k'o, 487–593), dem zweiten Patriarchen des Zen in China, kam – vollkommen unbekannt und krank. Früher herrschte im Osten genauso wie im Westen die Vorstellung, daß eine Krankheit das Resultat vergangener Sünden sei. Das war also eine nur im negativen Sinne ausgelegte Konzeption des karmischen Prinzips von Ursache und Wirkung, und es scheint, als ob auch dieser Laie, der später den Namen Sōsan erhielt, seine körperlichen Gebrechen auf Sünden der Vergangenheit zurückführte. Die erste Begegnung mit Eka wird folgendermaßen beschrieben:

Sōsan sagte: «Ich bin krank. Bitte, Meister, reinigt

mich von meinen Sünden, die der Grund für meine
Krankheit sind.» Eka antwortete: «Bringe mir deine
Sünden her, dann werde ich dich von ihnen reinigen
und dir Frieden geben.» Sōsan schwieg für eine Weile
und sagte dann: «Ich kann meine Sünden nirgends finden.» Daraufhin erwiderte Eka: «Ich habe sie hiermit
für dich vernichtet.»

Im weiteren Verlauf des Gesprächs der beiden er-
kannte der zweite Patriarch, daß dieser Laie ein außer-
gewöhnlicher Mensch war, bereit, die wahre Lehre in
sich aufzunehmen. Er weihte ihn zum Mönch und gab
ihm den Namen Sōsan. Über Eka selbst wird berichtet,
daß er in seiner ersten Begegnung mit Bodhidharma,
dem 28. indischen Patriarchen, der das Zen nach China brachte und damit zum ersten Patriarchen des Zen
in China wurde, durch das Abschneiden seines linken
Armes den festen Entschluß zur Übung bewies und
daraufhin von Bodhidharma als Schüler akzeptiert
wurde. Das Gespräch zwischen Eka und Bodhidharma
ist folgendermaßen überliefert:

Eka bat Bodhidharma: «Mein Geist ist nicht in Frieden. Bitte Meister, befriedet ihn für mich.» Bodhidharma sagte daraufhin: «Bring mir deinen Geist her,
dann werde ich ihm für dich Frieden geben.» Eka
schwieg eine Zeitlang und sagte dann: «Ich habe nach
ihm gesucht, kann ihn aber nicht finden.» Bodhidharma sagte: «Ich habe ihn für dich befriedet.»

In beiden Geschichten wird genau das gleiche auf
verschiedene Weise beschrieben. Selbst wenn man
sagt, daß diese beiden Dialoge fiktiv sind, so beein-
trächtigt dies doch nicht die Tatsache, daß wir uns die
Essenz dieser beiden Begebenheiten gut und genau an-
sehen sollten. Es gibt sogar noch einen dritten ähnli-

chen Dialog, und zwar zwischen Sōsan und seinem Schüler Dōshin (chin. Tao-hsin, 580–651), dem späteren vierten Patriarchen.

Dōshin sagte: «Bitte Meister, lehrt mich, wie ich Befreiung erlangen kann.» Sōsan sagte: «Wer fesselt dich?» Dōshin erwiderte: «Da ist niemand, der mich fesselt.» Sōsan sagte: «Warum suchst du dann nach Befreiung?» Bei diesen Worten erfuhr Dōshin große Erleuchtung.

Dreimal fast die gleiche Geschichte – die Worte unterscheiden sich zwar, aber der Inhalt ist identisch. Kostet diese Dialoge aus, denn das, worauf sie uns hinweisen und was zu erkennen wichtig ist, ist die Tatsache, daß ganz gleich wie Geist auch immer wirkt, es ursprünglich keine Unruhe in diesem Geist gibt; daß unabhängig davon, wie viele Sünden wir willkürlich erzeugen, es keinen Geist gibt, der davon befleckt oder verletzt werden könnte; daß es, selbst wenn unzählige Menschen kommen und einen Menschen fesseln, keinen Geist gibt, der gefesselt werden könnte. Dies ist der Geist, der im *Shinjinmei* besungen wird.

Glaube ist ein Wort, das man oft nur mit den psychischen Aktivitäten eines Menschen in Zusammenhang bringt und das sich somit auf einen Bedeutungsinhalt beschränkt, der im Gegensatz zum Zweifel steht. Ich möchte deshalb an dieser Stelle eindringlich betonen, daß ihr Glaube nicht lediglich als «Nichtzweifel» verstehen dürft. Zweifel oder Nichtzweifel, Ablehnung oder Zustimmung, beides sind geistige Aktivitäten, die auf dem eigenen Selbst und seinen jeweiligen Vorstellungen und Begriffen beruhen.

Glaube jedoch ist das Überschreiten dieser Konzeptionen, ist ein Sich-Überlassen, ein Sich-Ergeben.

Und es gibt nur eines, dem wir uns wirklich ergeben können: das, was von keiner Sünde befleckt wird, was von nichts gefesselt wird und sich in allen Bedingungen frei und ungehindert bewegt. Seid an diesem Punkt wirklich vorsichtig und verfallt nicht in den Fehler, zu denken, daß der gläubige Geist und der Geist, an den geglaubt wird, in anderen Worten, daß der Glaube und Geist verschiedene Dinge seien.

Wir neigen dazu, zwischen dem eigenen Geist, dem Geist, der glaubt oder zweifelt, der sich verschiedene Dinge ausmalt und dem Geist, dem wir uns ergeben, einem wunderbaren, außergewöhnlichen Geist – also zwischen einem Geist der gewöhnlichen Menschen und einem Buddha-Geist – zu unterscheiden. Daß es ursprünglich jedoch keine Trennungen gibt, daß Buddha-Geist und gewöhnlicher Geist nicht verschieden sind, wurde für uns im *Shinjinmei* niedergelegt und überliefert. Und in diesem Glauben gibt es keine Rangordnungen, keine Unterscheidung von Shrāvaka (Skrt., wörtl. «Hörer»), Pratyeka-Buddha (Skrt., wörtl. «Einsam-Erwachter») und Bodhisattva (Skrt., wörtl. «Erleuchtungswesen»). Hier wird uns allen vielmehr geradewegs gesagt: Glaube und Geist sind Nicht-Zwei.

Der Geist, der in jedem von uns wirksam ist, und der Geist, der unbegrenzt alles durchdringt, sind Nicht-Zwei. Zeitlich und räumlich – ewiger Geist, nur klarer, alles durchdringender Geist. Dieser Geist ist nicht einfach eine auf die eigene Person beschränkte geistige Aktivität, sondern das Leben an sich, das Leben, das alles gebiert und das sich in allem, in jedem von uns, manifestiert. Diese ursprüngliche Kraft, die uns leben läßt, und das Leben des Universums sind nicht verschieden.

Es genügt jedoch nicht, dies nur intellektuell zu begreifen. Ihr müßt es so durchdringen, daß auch nicht für den kleinsten Zweifel Raum bleibt. Dies ist der Geist-Zustand, der im *Shinjinmei* im letzten Vers besungen wird:

> Der Weg der Worte
> ist zu Ende –
> keine Vergangenheit,
> Zukunft und Gegenwart.

Es ist ein Geist-Zustand, der jenseits von Worten und Erklärungen ist und zu dem es nur einen Zugang gibt – direktes, unmittelbares eigenes Erkennen.

Soko Morinaga

ERSTER TEIL:
DIE MEISSELSCHRIFT VOM GLAUBEN
AN DEN GEIST

Der höchste Weg
ist nicht schwierig,
nur ohne Wahl.

Hasse nicht,
liebe nicht,
dann ist es klar,
und eindeutig.

Gibt es auch nur
die kleinste Unstimmigkeit,
dann entsteht ein Unterschied,
so groß wie der zwischen Himmel und Erde.

Wenn man es
vor eigenen Augen haben möchte,
darf weder Richtig
noch Falsch existieren.

Der Kampf zwischen
Verschiedenheit und Übereinstimmung
führt zur Krankheit
des Geistes.

Wer das subtile Prinzip nicht kennt,
müht sich vergeblich,
die Gedanken zur Ruhe zu bringen.

Es ist absolut,
Große Leere,
ohne Zuwenig,
ohne Zuviel.

Wirklich,
nur Ergreifen und Verwerfen
sind der Grund
für Verschiedenheit.

Jage nicht
den Erscheinungen nach,
und verweile nicht
in der Vorstellung von Leere.

Im Einen
ist der Geist in Frieden,
und Verwirrung erschöpft sich
von selbst.

Will man die Bewegung des Geistes
zum Stillstand bringen,
dann führt gerade dies
zur völligen Bewegung.

Wenn man lediglich
diesen beiden Extremen anhaftet,
wie könnte man
das Eine verstehen?

Das Eine
nicht zu durchdringen
bedeutet,
beides zu verfehlen.

Die Erscheinungen verbannen bedeutet
das Zunichtewerden der Erscheinungen;
sich der Leere hingeben
heißt der Leere widersprechen.

Viele Worte,
viele Gedanken –
je mehr es sind,
desto weniger entsprechen sie.

Sind Worte und Gedanken abgeschnitten,
dann gibt es keinen Ort,
der nicht durchdrungen ist.

Kehrt man zum Ursprung zurück,
so erlangt man das Prinzip;
folgt man den Widerspiegelungen,
so verliert man die Essenz.

Ein Moment des Zurückkehrens
von den Widerspiegelungen
übertrifft sogar
das Reich der Leere.

Der Wandel
des Reiches der Leere
erscheint abhängig
von Täuschungen.

Du brauchst nicht
nach der Wahrheit zu suchen;
laß nur unbedingt ab
von Überlegungen.

Verweile nicht
in dualistischen Anschauungen;
vermeide absolut,
ihnen zu folgen.

Existiert auch nur ein wenig
Richtig und Falsch,
dann wird der Geist
in Verwirrung verloren.

Zwei existiert
abhängig vom Einen,
aber man darf auch nicht
bei dem Einen verharren.

Wenn sich kein Geist erhebt,
sind die Zehntausend Erscheinungen
ohne Fehler.

Keine Fehler,
keine Erscheinungen –
Nicht-Erheben,
Nicht-Geist.

Das Subjekt folgt dem Objekt
und vergeht;
das Objekt folgt dem Subjekt
und versinkt.

Das Objekt ist abhängig
vom Subjekt ein Objekt;
das Subjekt ist abhängig
vom Objekt ein Subjekt.

Wer diese beiden Aspekte
verstehen möchte, muß wissen,
daß beides ursprünglich
eine Leere ist.

Die eine Leere
ist gleichzeitig beides
und enthält alle
Zehntausend Erscheinungen.

Es gibt weder
Feines noch Grobes;
warum sollte es
einseitige Anschauung geben?

Der Große Weg an sich
ist ruhig und weit –
weder leicht
noch schwer.

Kleinliches Denken
führt zu Zweifel und Zaudern;
je mehr man eilt,
desto mehr bleibt man zurück.

Anhaften bedeutet,
die Angemessenheit zu verlieren
und auf falsche Wege
abzukommen.

Loslassen ist
Natürlichkeit,
Soheit ist
ohne Gehen und Bleiben.

Sich dem eigenen Wesen anzuvertrauen,
ist Vereinigung mit dem Weg,
und die Sorgen werden zunichte,
als schlenderte man unbekümmert einher.

Wenn sich Gedanken fortsetzen,
widerspricht das der Wahrheit,
man versinkt in Dummheit
und ist unfrei.

Unfreiheit ermüdet den Geist;
wozu
über Entfernung und Nähe
nachdenken?

Will man
das Eine Fahrzeug erlangen,
darf man keinen Widerwillen gegen
die sechs Arten des Staubs hegen.

Gegenüber den sechs Arten des Staubs
keinen Widerwillen hegen,
gerade das ist gleich
der vollkommenen Erleuchtung.

Der Weise tut nicht,
ein Dummkopf fesselt sich selbst.

Im Dharma gibt es
keine Unterschiede;
willkürlich haftet man selbst
an den Dingen.

Mit dem Geist
den Geist anzuwenden –
ist das nicht
ein großer Fehler?

Irrtum erzeugt
Ruhe und Chaos;
Erleuchtung ist ohne
Zuneigung und Abneigung.

Alle dualistischen Anschauungen
beruhen auf willkürlichen
eigenen Erwägungen.

Ein flüchtiger Traum,
ein Augenflimmern –
warum sich erschöpfen in dem Versuch,
diese zu erfassen.

Erlangen, verlieren,
richtig, falsch –
laßt all das
mit einemmal fahren.

Wenn das Auge nicht schläft,
vergehen die verschiedenen Träume
von selbst.

Wenn der Geist
keine Unterscheidungen trifft,
sind die Zehntausend Erscheinungen
Wie-Eins.

Wie-Eins an sich
ist unergründlich,
unverrückbar und frei
von Verwicklungen.

Betrachtest du
die Zehntausend Erscheinungen gleich,
dann kehrst du zurück
zum Natürlichen.

Sind die Ursachen vergangen,
dann gibt es
keine Vergleiche mehr.

Wird Bewegung angehalten,
so entsteht Nicht-Bewegung;
wird Ruhe bewegt,
so entsteht Unruhe.

Wenn beides schon nicht existiert,
wie könnte es dann das Eine geben?

Letztlich und endlich
gibt es keine Bestimmungen.

Übereinstimmender Geist
ist Gleichheit,
alle künstlichen Handlungen
vergehen zusammen.

Zaudern und Zögern
vollkommen erschöpft,
ist der wahre Glaube
harmonisch und direkt.

Nichts bleibt zurück,
keine Erinnerungen.

Reine Klarheit
erstrahlt natürlich,
ohne Anwendung
der Geisteskraft.

Der Ort des Nicht-Erwägens
ist mit Wissen oder Gefühl
nicht zu ergründen.

Im Reich
der Wahrheit an sich
gibt es weder
andere noch Selbst.

Möchte man unbedingt Entsprechung,
so sage ich nur:
Nicht-Zwei!

Nicht-Zwei,
alles ist gleich –
es gibt nichts,
was nicht enthalten ist.

Die Weisen
aus den Zehn Richtungen
treten alle
in diese Wahrheit ein.

In der Wahrheit gibt es
weder Verkürzung noch Verlängerung,
ein Gedankenmoment
ist zehntausend Jahre.

Es gibt weder
Sein noch Nichtsein,
nur die Zehn Richtungen
vor unseren Augen.

Das Kleinste ist
gleich dem Größten,
die Grenzen zwischen
den Welten verschwinden.

Das Größte ist
gleich dem Kleinsten,
es gibt keine
festen Grenzen.

Sein ist gleich Nichtsein,
Nichtsein ist gleich Sein.

Wenn etwas nicht Soheit ist,
braucht man es nicht zu bewahren.

Eins ist Alles,
Alles ist Eins.

Kann man es
auf diese Weise vollbringen,
warum sich dann noch
um Unvollendetes sorgen.

Glaube an den Geist
ist Nicht-Zwei,
Nicht-Zwei ist
Glaube an den Geist.

Der Weg der Worte ist zu Ende –
keine Vergangenheit,
Zukunft und Gegenwart.

Zweiter Teil:
Der Weg des Glaubens
an den Geist

Darlegungen von
Soko Morinaga Rōshi
über die Meißelschrift vom
Glauben an den Geist

至道無難

唯嫌揀擇

Der höchste Weg
ist nicht schwierig,
nur ohne Wahl.

Obwohl das Gedicht *Meißelschrift vom Glauben an den Geist* heißt, erwähnt Sōsan hier im ersten Vers weder Glaube noch Geist auch nur mit einem Wort; er preist vielmehr den «höchsten Weg». Bereits darin wird die Größe und Erhabenheit von Sōsan offenbar, denn dieser «höchste Weg», von dem er spricht, ist nichts anderes als eben der Weg der Nicht-Zweiheit von Glaube und Geist.

Der Weg des Gehens an sich, das Leben des großen Universums, Schritt für Schritt, so wie es ist – genau das ist der «höchste Weg», der in diesem Gedicht besungen wird.

Der höchste Weg
ist nicht schwierig,
nur ohne Wahl.

In diesen kurzen Zeilen offenbart sich bereits die Essenz und der absolute Höhepunkt des *Shinjinmei*. Danach bleibt eigentlich nicht mehr viel zu sagen, und die nachfolgenden Strophen des Gedichts sind nichts anderes als eine Erklärung dieses ersten Verses, eine Erklärung des «höchsten Weges».

Im *Lun-Yü* («Gespräche des Konfuzius») wird der Weg so beschrieben: «Das, was jedem einzelnen vom Himmel gegeben ist, ist der ursprüngliche Geist. Entsprechend diesem Geist zu handeln, wird Weg genannt. Diesen Weg zu üben wird Lehre genannt.»

Daß der Weg, der wie ein Thema einer Sinfonie in den verschiedensten Variationen und Klangschattierungen das ganze Gedicht durchzieht, nicht im Widerspruch zum «Glauben an den Geist» steht, ja nichts anderes ist als eben dieser, kommt in den Zeilen von Konfuzius klar zum Ausdruck. Konfuzius war ein Mensch, der sich bemühte, die Wahrheit, die von den alten Weisen und Heiligen erkannt und gelebt worden war, wieder aufleben zu lassen, aber in seinem Herzen trennte er zwischen Wahrheit einerseits und den Menschen, die von ihr entfernt sind, andererseits. Der Weg ist jedoch nichts, was sich in zwei oder drei Teile aufgliedern läßt; er ist die einzige Wahrheit an sich. Obwohl das so ist, hat Sōsan dem Weg hier absichtlich noch ein Adjektiv vorangestellt und nennt ihn den «höchsten Weg».

Ihr dürft euch davon nicht verleiten lassen zu denken, daß es sich bei dem «höchsten Weg» um etwas

Außergewöhnliches und Besonderes handelt. Wenn ihr so etwas wie ein «Höchstes» erzeugt, dann erscheint gleichzeitig damit auch das «Niedere» oder wenigstens etwas, das nicht das Höchste ist, und genau das ist «Wahl». Nicht zwischen den einzelnen Dingen in unserem täglichen Leben abzuwägen, zu bevorzugen oder abzuweisen, ist aber nur eine Bedeutungsebene von «ohne Wahl».

Die zweite Bedeutung, auf die uns diese Zeilen aufmerksam machen, ist unsere tiefverwurzelte und manchmal fast schon krankhafte Angewohnheit, Unterscheidungen zwischen heilig und gewöhnlich, Erleuchtung und Täuschung, Buddha und gewöhnlicher Mensch vorzunehmen. Zusammen mit unserem Hang dazu, selbst zu bestimmen, daß wir nur ein gewöhnlicher Mensch sind, entstehen dann Vermutungen und Erwartungen, daß es irgendwo etwas Wundervolles, etwas Besonderes geben muß. Während man sich selbst als alltäglich und nieder bezeichnet, will man doch erleuchtet werden und hält Ausschau nach diesem Wunderbaren, ist auf der Suche nach dem Besonderen.

Daraus entstehen oft Erwägungen, wie zum Beispiel: «Ist diese Vorgehensweise mit Erleuchtung übereinstimmend oder nicht? Entspricht dies einem Erleuchteten, oder nicht?», die ihrerseits wiederum dazu führen, Urteile über andere zu fällen, sie als echt zu bewerten, wenn sie mit unseren Vorstellungen übereinstimmen, und als unecht oder sogar Schwindler, wenn sie unsere Erwartungen nicht erfüllen. Aber ihr könnt sicher sein – nichts in dieser Welt ist unecht. Es gibt keine Fälschungen. Wenn *etwas* eine Fälschung ist, dann ist *alles* eine Fälschung, denn irgendwann vergeht es wieder. Fälschung oder Original, richtig oder falsch, solche Dinge existieren ursprünglich nicht.

Sōsan nennt den Weg deshalb den «höchsten Weg», weil er allen deutlich machen will, daß es sich nicht um einen Weg handelt, den man sich selbst willkürlich ausgedacht hat und auch nicht um einen Weg, der sich nur auf die Welt der Menschen – eine Begrenzungen unterliegenden Welt – bezieht, sondern um den Weg, der die Erscheinungen und ihre Grenzen überschreitet und gerade deshalb auch im Kleinsten wirksam ist. «Höchste» ist also ein Wort, das den Weg, den ihr euch willkürlich ausdenkt und der sich innerhalb von Beschränkungen befindet, verneint und auf den alles durchdringenden, unbegrenzten Weg hinweist.

> Der höchste Weg
> ist nicht schwierig,

nur leider wird das Einfache und Klare durch die verschiedenen Vorstellungen, die ihr euch macht, schwierig. Anhand verschiedener Kenntnisse und Erfahrungen, die ihr angesammelt habt und die sich in euch verhärtet haben, versucht ihr Dinge zu bewerten, wollt ihr mit eurem Ego Lösungen herbeiführen. Dies ist nicht einmal intelligentes Denken, sondern lediglich die Anwendung eines wählerischen Geistes. Nur weil ihr immer herausfinden wollt, was besser ist und was schlechter, wo Gewinn ist und wo Verlust, weil ihr kalkuliert und abwägt, entstehen die unzähligen Schwierigkeiten.

Nicht schwierig – das bedeutet nicht, daß der höchste Weg leicht ist, sondern daß ihr euch nicht bemühen müßt, durch Willensanstrengung selbst eine Lösung

34

herbeizuführen. Schwierig und leicht – das sind Probleme, die sich aus dem Gedanken, etwas erreichen zu wollen, ergeben. Es sind Begriffe, die nur zusammen mit der Vorstellung eines Ego existieren können. Zieht deshalb nicht den falschen Schluß und denkt, daß der höchste Weg leicht sei. Der höchste Weg ist das, was schwierig und leicht, wie es in eurer Vorstellung existiert, überschreitet. Schwierig und leicht – nur wenn solche Gedanken vergessen sind und alles in seiner Soheit empfangen wird, kann man sagen:

> Der höchste Weg
> ist nicht schwierig,
> nur ohne Wahl.

Es handelt sich bei diesen Zeilen keineswegs nur um die «Worte» von Sōsan; dies ist vielmehr sein Geist-Zustand an sich. Aber weil die meisten Menschen nur die Worte sehen, braucht es Zen-Übung, um sie zu überschreiten und sie so wiederum zum eigenen Geist-Zustand zu machen. Einer der größten Zen-Meister, der diesen von Sōsan besungenen «höchsten, nicht schwierigen Weg» als seine eigene Geist-Verfassung für andere Menschen darlegte, ist der chinesische Meister Jōshū Jūshin (chin.: Chao-chou Ts'ung-shen, 778–897). Er ist ohne Zweifel einer der bedeutendsten Meister, was sich auch darin widerspiegelt, daß allein im *Mumonkan*[1] sieben Kōan auf seinen Worten basieren, und im *Hekigan-roku*[2] sind es sogar zwölf.

Jōshū war zuerst Novize in einem Tempel, genannt Zuizo. Als er achtzehn Jahre alt war, wurde er von dem dortigen Priester zu einem Besuch bei Meister Nansen Fugan (chin.: Nan-ch'üan P'u-yüan, 748–835) mitgenommen. Meister Nansen hatte sich gerade, vielleicht ermüdet von der Arbeit, zur Ruhe gelegt und empfing seine Besucher deshalb liegend. Er fragte Jōshū: «Woher bist du gekommen?» Jōshū antwortete ihm: «Vom Zuizo-Tempel.» (Zuizo bedeutet wörtlich «wunderbarer Buddha». Da es in diesem Tempel die Statue eines berühmten Buddha gab, hieß der Tempel «Zuizo-Tempel».)

Nansen fragte daraufhin weiter: «Hast du Zuizo, den wunderbaren Buddha, gesehen?» Jōshū antwortete: «Nein, Zuizo habe ich nicht gesehen, aber ich sehe nun den liegenden Tathāgata (Buddha).» Als Meister Nansen dies hörte, setzte er sich auf und sagte: «Hast du schon einen Meister oder nicht?» und Jōshū erwiderte sofort: «Ich habe einen.» Meister Nansen fragte: «Wer ist dein Meister?» woraufhin Jōshū sagte: «Obwohl es schon Frühling ist, herrscht noch strenge Kälte. Aber ich freue mich, daß es dem verehrten Meister so gut geht.»

Angesichts dieser Antwort des jungen Jōshū, der noch nicht in der Zen-Übung stand und dennoch von keinem der Worte Meister Nansens verwirrt oder irregeführt wurde, werdet ihr sicher verstehen, was für ein ungewöhnlicher und hervorragender Mensch er schon im Alter von achtzehn Jahren war. Als Meister Nansen fragte, ob er den wunderbaren Buddha gesehen hätte, meinte er natürlich nicht die Buddha-Statue im Tempel Zuizo, sondern wollte wissen, ob Jōshū den *wirklichen* Buddha erkannt hätte. Die meisten Leute würden angesichts solch einer Frage dazu tendieren, über die abstrakte Idee eines Buddha Erörterungen anzustellen. Auch auf die nächste Frage Meister Nansens nach dem Meister würden die meisten wohl den Namen des Priesters vom Zuizo-Tempel angeben, und ein paar würden vielleicht versucht sein, über eine Subjektivität in ihnen selbst, über ihren eigenen Geist zu reden. Jōshū jedoch war weder befangen von der Person des Priesters, der ihn zu Meister Nansen mitgenommen hatte, noch von irgendwelchen begrifflichen buddhistischen Lehren oder Dogmen, sondern machte direkt den vor ihm sitzenden Nansen zu seinem Meister.

Jōshū übte dann unter Meister Nansen bis zu dessen Tod. Folgende bewegende Worte – Meister Nansen war zu diesem Zeitpunkt ungefähr fünfzig Jahre alt und Jōshū in den Zwanzigern – führten zu seiner ersten Erleuchtung. Jōshū fragte Meister Nansen: «Was ist der Weg?» Nansen antwortete: «Der gewöhnliche, alltägliche Geist ist es.» Jōshū fragte: «Ist es dann trotzdem nötig, nach ihm zu streben und zu üben?» Nansen antwortete: «Wenn du nach ihm strebst, handelst du ihm zuwider.» Jōshū fragte weiter: «Wenn man nicht nach ihm strebt, wie kann man ihn dann verstehen?» Nansen erwiderte: «Der Weg hat nichts zu tun mit Verstehen oder Nichtverstehen. Verstehen ist irrige Kenntnis, Nichtverstehen ist Unbewußtheit. Wenn man wirklich den Weg jenseits von jeglichem Streben erreicht, dann ist es wie der große, weite Himmel – vollständige, wunderbare Leere. Warum willst du mit Gewalt Richtig und Falsch erzeugen?»[3] Als Jōshū das hörte, erwachte er unmittelbar zur tiefen, unergründlichen Bedeutung, und sein Geist war wie der klare, helle Mond.

Nach dieser großen religiösen Erfahrung ist es darum ganz selbstverständlich, daß Jōshū wieder und wieder

Der höchste Weg
ist nicht schwierig,
nur ohne Wahl.

als Ausdruck seiner Geist-Verfassung aufgriff und zitierte. Aber selbst nach dieser großen Erleuchtung hörte er nicht auf, seinen Geist-Zustand zu vertiefen. Als er 57 Jahre alt war, starb Meister Nansen, und Jōshū begab sich daraufhin auf Wanderschaft durch die Klöster Chinas. Er sagte, daß er sich von einem siebenjährigen Kind belehren lassen wolle, falls es tiefere Erkenntnis als er selbst hätte, und daß er einen hundertjährigen Alten unterweisen würde, sollte dieser geringere Erkenntnis besitzen als er.

Mit achtzig Jahren ließ er sich dann im Tempel Kannon-in in der Provinz Jōshū in Nordchina nieder (der Grund, warum er selbst von diesem Zeitpunkt an Meister Jōshū genannt wurde) und blieb dort bis zu seinem Tod im hohen Alter von 120 Jahren. Während dieses Zeitraums lehrte er unzählige Menschen und wurde, weil er es verstand, die Wahrheit mit sehr natürlichen und freundlichen Worten auszudrücken, von vielen gepriesen; man sagte von ihm, aus seinem Mund ströme Licht.

Dialoge, in denen er diesen ersten Vers von Sōsan «Der höchste Weg ist nicht schwierig, nur ohne Wahl» verwendet, kommen allein im *Hekigan-roku* viermal vor. In allen vier Fällen geschieht es in der Absicht, diejenigen, die diesen Vers von Sōsan nur als Worte verstehen, ihn nur als Theorie auffassen, erneut auf den wahren Geist-Zustand hinzuweisen. Damit auch ihr dieses *Shinjinmei* nicht nur theoretisch erfaßt, sondern die tatsächliche Geist-Verfassung, die es zum

Ausdruck bringt, auskosten könnt, möchte ich noch einen Dialog von Jōshū anführen:

Eines Tages sagte Jōshū zu den versammelten Mönchen: «Der höchste Weg ist nicht schwierig, nur ohne Wahl. Ist da auch nur ein klein wenig Reden (darüber), dann: hier Wahl (Unterscheidung, Verblendung), da helle Klarheit (Erleuchtung). Ich hier befinde mich nicht in der hellen Klarheit. Aber ihr bewahrt sie doch, oder etwa nicht?» Ein Mönch erwiderte darauf: «Wenn man schon nicht in der hellen Klarheit ist, was kann man da bewahren?» Jōshū antwortete: «Das weiß ich auch nicht.» Da sagte der Mönch: «Wenn der Meister das schon nicht weiß, warum kann er dann sagen, daß er sich nicht in der hellen Klarheit befinde?» Jōshū erwiderte: «Im Fragen bist du wirklich gut. Nun mach deine Verbeugung und geh.»[4]

Könnt ihr den «alltäglichen Geist» von Jōshū in diesem Dialog erkennen? Die Frage des Mönchs war logisch und durchgängig, die Antwort von Jōshū unterlegen. Aber in Jōshū gibt es nicht einmal die Spur eines Geistes, der von Logik, von Sieg oder Niederlage befangen wäre. Der Mönch hätte, als er Jōshū mit seinen Fragen in die Enge trieb, bereits in Jōshūs ruhiger und gelassener Antwort «Das weiß ich nicht» den Geist-Zustand von Jōshū, den Geist ohne Wahl, erkennen müssen. Befangen jedoch in seiner Logik, stellte er die nächste Frage, und deshalb sagte Jōshū ihm schließlich: «Mach deine Verbeugung und geh.» Mit diesem letzten Satz wischte Jōshū alle Kategorien von Richtig und Falsch, Gut und Schlecht, Sieg und Niederlage weg. Ob auch der Geist des Mönchs damit klar und leer wie ein weiter Herbsthimmel wurde, ist nicht bekannt. Aber ich hoffe, daß ihr nach diesem Dialog dem Geist von «Der höchste Weg ist nicht schwierig, nur ohne Wahl» etwas näher gekommen seid.

Meister Jōshū sagte zu einem Mönch, gleich ob er das erstemal zu ihm kam oder zum wiederholten Mal: «Hier, trink eine Schale Tee!» Der Kan-in (wörtl. Sekretär, eines der sechs Pflichtämter in einem Kloster), der dies hörte, fragte daraufhin: «Meister, gleich ob ein Mönch das erste Mal kommt oder zum zweiten- oder drittenmal, immer sagt ihr gleichermaßen ‹Hier, trink eine Schale Tee!› Was bedeutet das?» Jōshū erwiderte: «Kan-in! Hier, trink eine Schale Tee.»

Mach deine Verbeugung und geh! Hier, trink eine Schale Tee! – nur Klarheit und Weite, wie ein strahlender Herbsthimmel.

> Das Wahre ist nicht schwierig;
> nicht wählerisch sein,
> das ist es.

但莫憎愛　洞然明白

Hasse nicht,
liebe nicht,
dann ist es klar
und eindeutig.

毫釐有差　天地懸隔

Gibt es auch nur
die kleinste Unstimmigkeit,
dann entsteht ein Unterschied,
so groß wie der
zwischen Himmel und Erde.

«Wahl» ist ein Geist-Zustand, in dem Urteile über Werte gefällt werden, und der Maßstab für diese Werturteile, dafür ob man etwas mag oder nicht, ist das eigene Selbst. Deshalb sagt Sōsan:

Hasse nicht,
liebe nicht,
dann ist es klar
und eindeutig.

Er meint damit nicht, daß es nichts mehr gibt, was man mag oder nicht mag, sondern daß es kein Ego mehr gibt, das als Maßstab dafür fungiert. Dies beschreibt der japanische Meister Shidō Bu'nan (1602–1676), der Dharma-Großvater von Meister Hakuin (1686–1769), mit folgenden Worten: «Während man lebt tot sein und es vollkommen durchdringen, das bedeutet frei, so wie man möchte, zu handeln.»

Liebe und Haß, Anhaften und Ignorieren sind das Resultat eurer vorgefaßten Meinungen, deren Basis euer Ego ist – ein Konglomerat aus angesammelten Erfahrungen und gespeichertem Wissen. Natürlich ist es im Leben notwendig, Dinge zu beurteilen, aber es gibt nichts Schlimmeres als Urteile, die sich auf falsche Informationen gründen. Bevor wir deshalb irgendwelche Urteile fällen, sollten wir zuerst die Dinge so, wie sie sind, in uns aufnehmen und nicht – wie wir es uns zur Gewohnheit gemacht haben – aufgrund vergangener Erfahrungen und verhärteter Kenntnisse urteilen und bewerten.

Wir haben meist zur Beurteilung und Kategorisierung von Dingen und natürlich auch von Menschen einen entsprechenden Maßstab, den wir uns, sollte man ihn uns nicht im Zuge unserer Erziehung gelehrt haben, selbst gesucht und geschaffen haben und der uns geeignet erscheint, die Welt zu kategorisieren. Wir schwächen so unser ursprüngliches Vermögen, alles in seiner Soheit zu empfangen. Die Wahrheit, die wir innerhalb dieser Gewohnheit des vorauseilenden Beurteilens ergreifen können, ist beschränkt und bestimmten Bedingungen unterliegend.

Eine Erklärung der Wahrheit, die sich im Rahmen eines Systems von Menschen erzeugter Logik bewegt, ist wissenschaftlich; diese selbsterschaffene Logik zu verwerfen, sie zu überschreiten und alles in seiner Soheit zu empfangen, das ist Zen. Nehmt deshalb die Brille eurer vorgefaßten Meinungen ab, und empfangt alles so, wie es ist.

> Hasse nicht,
> liebe nicht,
> dann ist es klar
> und eindeutig.

Dies ist der Geist-Zustand des Nichtwählens, in dem alles in seiner Soheit in Erscheinung tritt, klar und ohne Verzerrungen, in dem man eins ist mit allem. Eins mit dem höchsten Weg – und dort sind heilig und gewöhnlich eins, der höchste Weg und andere Wege eins, und es gibt keine Unterschiede. Man selbst und Buddha sind eins. Wenn ihr keine Einwände erhebt, dann entsteht sofort Einheit. Wenn alles entblößt und nackt ist, unmittelbar und direkt, dann ist es klar und eindeutig. Aber

> Gibt es auch nur
> die kleinste Unstimmigkeit,
> dann entsteht ein Unterschied,
> so groß wie der
> zwischen Himmel und Erde.

Wenn auch nur das winzigste Etwas in dieses Einssein eindringt, wenn sich auch nur eine Spur von Vernünftelei oder Spitzfindigkeit dazwischendrängt, wenn der geringste Einwand entsteht, dann ist der höchste Weg bereits aus eurem Bewußtsein verschwunden. Dann sind Buddha und gewöhnlicher Mensch, Erleuchtung und Täuschung, gut und schlecht, gescheit und

dumm, selbst und andere so weit voneinander entfernt
wie Himmel und Erde.

Wenn ihr Liebe und Haß verwerft,
dann tritt alles
in seiner Soheit
klar in Erscheinung.

Aber wenn in eurem Geist
auch nur eine Spur
von Liebe und Haß auftaucht,
dann sind eure Gedanken
und die Wirklichkeit
so weit voneinander entfernt
wie Himmel und Erde.

欲　莫　Wenn man es
得　存　vor eigenen Augen haben möchte,
現　順　darf weder Richtig
前　逆　noch Falsch existieren.

違　是　Der Kampf zwischen
順　為　Verschiedenheit und Übereinstimmung
相　心　führt zur Krankheit
争　病　des Geistes.

Wenn das, was in diesem Gedicht als »höchster Weg«
besungen wird, lebendig vor euren Augen wirken soll,
dürft ihr keine Unterscheidungen treffen und bestimmen, ob etwas dem höchsten Weg entspricht oder
nicht. Dann dürft ihr keine Trennungen vornehmen
und sagen, daß ihr selbst dem Weg gemäß handelt,
wohingegen andere ihm zuwider handeln. Es reicht,
wenn ihr nur einfach natürlich seid – ganz und gar
natürlich.

Ihr alle habt, wenn ihr dies lest, irgendwie das Be-
streben euch zu entwickeln, Fortschritte zu machen.

Ihr seid ehrgeizig. Aber ihr solltet deswegen nicht denken, daß ihr anderen überlegen seid, sondern euch darüber im klaren sein, daß es allein eine tiefe karmische Beziehung ist. Denn euer Geist, der nach «Höherem» strebt, ist gleichzeitig der Geist, der Unterscheidungen erzeugt, der Geist, der sich mit dem, was *ist*, nicht zufriedengibt, der gut und schlecht unterscheidet und sich bemüht, das Gute zu erlangen und das Schlechte zu vernichten. Ehrgeiz bedeutet in anderen Worten, das «Hier und Jetzt» zu mißachten, eine Stufe höher aufsteigen zu wollen und so das Paradies an einem anderen Ort zu suchen. Wenn ihr euch stets fragt, ob ihr einem bestimmten Ideal entsprecht oder ihm zuwiderhandelt, ob ihr mit dem Weg übereinstimmt oder nicht, dann ist dieser Weg nur etwas Ausgedachtes, in dessen Mittelpunkt euer eigenes Selbst steht. Es ist ein Weg, dem Liebe und Haß zugrunde liegen, ein Weg der Wahl – und die Sorge, ob ihr solch einem Weg entsprecht, ist letztlich nur die Sorge, ob euren eigenen Wünschen und Vorstellungen entsprochen wird oder nicht. Die Anstrengungen jedoch, die ihr macht, um eine Übereinstimmung mit den eigenen Wünschen zu erreichen, sind nicht der wahre Weg, sondern nur eine Krankheit des Geistes, verursacht von der Unwissenheit um das Wesentliche.

Wenn ihr die wahre Welt
vor eigenen Augen haben wollt,
dürft ihr keinen Geist
der Unterscheidungen hegen.

Darüber nachzudenken,
ob ihr dem Wahren
entsprecht oder nicht,
ist eine Krankheit des Geistes.

不識玄旨
徒労念静

Wer das subtile Prinzip nicht kennt,
müht sich vergeblich,
die Gedanken zur Ruhe zu bringen.

Nun stellt sich die Frage, was dieses Wesentliche, dieses «subtile Prinzip» eigentlich ist. Der japanische Meister Hakuin Ekaku nannte es «mit einem Hieb alle acht Bewußtseinsebenen durchschneiden» – nicht nur die bewußten Unterscheidungen und Wertungen, sondern gänzlich alles, was tief in unserem Herzen begraben liegt. Genau das ist Zazen, dieser Geist-Zustand, in dem alles durchgeschnitten ist.

Shidō Bu'nan sagte: «Töte, töte, töte dich selbst. Wenn du dich vollkommen getötet hast, dann werde zum Meister von anderen.» Das kann leicht so verstanden werden, als ob man das Selbst willentlich vernichten müßte, aber wesentlich ist wirklich nur eines: Hasse nicht, liebe nicht, sei ohne Wahl. Nicht wahr und falsch, wertvoll und nutzlos unterscheiden und wie ein Einfaltspinsel, ohne Einwände, ohne Urteile, alles in sich aufnehmen und entsprechend wirken, das ist der Geist-Zustand, den sowohl Meister Hakuin als auch Meister Shidō Bu'nan besingen. Wer das nicht realisiert hat und versucht, durch Willensanstrengung die Gedanken zur Ruhe zu bringen, müht sich vergebens ab. Wenn ihr durch Zazen eure Gedanken beruhigen wollt, dann liegt genau in diesem «Beruhigenwollen» ein Selbst mit einer Absicht. Dies ist absolut vergebliche Mühe.

Auch ich habe lange Zeit den Fehler gemacht und versucht, durch die Kraft meines Willens zu üben und etwas zu erreichen, ohne zu erkennen, daß Übung nichts mit Willensanstrengung zu tun hat. Manchmal kommen Eltern zu mir und sagen, daß sie ihr Kind gern für eine Weile in den Tempel geben würden, weil es willensschwach sei. Sie glauben, Zazen sei eine Methode zur Willensstärkung und Vertiefung von Ausdauer und Hartnäckigkeit. Aber was mit solch einem Zazen hervorgebracht wird, ist nur Starrköpfigkeit und Eigensinn. Man kann nicht durch die Kraft des Willens das Ego vernichten und zu Nicht-Geist werden. Wir alle sind von Geburt an Nicht-Geist – es besteht überhaupt keine Notwendigkeit, es zu «werden». Zazen an sich ist der Zustand von Nicht-Geist. Ihr könnt nicht durch Zazen zu Nicht-Geist werden, aber ihr könnt zu diesem ursprünglichen Zustand «zurückkehren».

Nicht-Geist ist ursprünglich vorhanden – es liegt an

euch, dies zu realisieren. Aber Willensanstrengungen sind dabei vergebliche Mühe, denn dadurch werden keine Gedanken beruhigt, sondern im Gegenteil nur erzeugt.

Weil ihr das Wichtigste
nicht versteht,
setzen sich die vergeblichen Leiden
endlos fort.

無　円　Es ist absolut,
欠　同　Große Leere,
無　太　ohne Zuwenig,
餘　虚　ohne Zuviel.

所　良
以　由　Wirklich,
不　取　nur Ergreifen und Verwerfen
如　捨　sind der Grund
　　　　für Verschiedenheit.

Das Ursprüngliche ist absolut, ohne Begrenzungen oder Beschränkungen; wie könnte es von einem kleinen Willen bewegt werden?

Das chinesische Zeichen, das hier mit «absolut» übersetzt ist, hat gleichzeitig auch die Bedeutung von rund. Aber dieses «rund» befindet sich nicht im Gegensatz zu eckig, und absolut bedeutet nicht, daß es im Vergleich mit anderen Dingen überlegen ist, sondern es bedeutet, daß es außer ihm nichts gibt, mit dem es verglichen werden könnte, weil es bereits alles beinhaltet und alles durchdringt. Das, was hier der «höchste Weg» genannt wird, das, was als «nicht schwierig» bezeichnet wird, das, was «Ursprüngliches» genannt werden kann, ist von Natur aus unbegrenzt und groß, ist Große Leere an sich.

Große Leere – keine Grenzen und kein Ende, ohne Zuwenig, ohne Zuviel. Zuwenig und Zuviel, das sind beides Begriffe, die abhängig von einem bestimmten Maß entstehen. Aber die Große Leere ist nichts, was mit etwas anderem verglichen und gemessen werden könnte. Selbst wenn ihr versuchen würdet, ein Maß zu erschaffen – dieses Maß wäre seinerseits bereits in der Großen Leere enthalten. Die Große Leere beinhaltet alles – es existiert nichts, mit dem es verglichen werden könnte, deshalb gibt es weder ein Zuwenig noch ein Zuviel. Obwohl das so ist, obwohl wir alle mit der Großen Leere erscheinen und wieder vergehen, wählt ihr willkürlich anhand eurer Wertungen, ergreift und verwerft, unterscheidet und bestimmt gut und schlecht, gewöhnlicher Mensch und Buddha. Deshalb kommt ihr nicht zur Ruhe und entsprecht nicht der Soheit an sich.

Wie im unbegrenzten Universum,
ist alles inbegriffen –
nichts, was übrigbleibt
oder nicht ausreicht.

Obwohl das so ist,
versucht ihr es mit einem Netz,
gewoben aus Annahme und
Ablehnung, zu ergreifen.
Deshalb ist es vergebliche Mühe.

莫　一
逐　種
有　平
緣　懷

勿　泯
住　然
空　自
忍　盡

Jage nicht
den Erscheinungen nach,
und verweile nicht
in der Vorstellung von Leere.

Im Einen
ist der Geist in Frieden,
und Verwirrung erschöpft sich
von selbst.

Jage nicht
den Erscheinungen nach,

laßt euch nicht von den Objekten vor euren Augen herumwirbeln, hört auf an dem, was ihr gesehen, gehört, gerochen, geschmeckt, gefühlt und gedacht habt, zehn oder zwanzig Jahre festzuhalten. Alles in dieser Welt ist stetem Wandel unterworfen. Aber seid vorsichtig und fallt nicht in das andere Extrem, indem ihr die Realität des jetzigen Augenblicks ignoriert und an einer selbst ausgedachten Leere festhaltet und danach sucht.

und verweile nicht
in der Vorstellung von Leere.

Erscheinungen und Leere – alles ist eins. Ohne überflüssige Einwände, die eindringen, ohne unnötige Begriffe und Interpretationen, die sich dazwischendrängen, ist jeder Augenblick, so wie er ist, eins.

Im Einen
ist der Geist in Frieden,
und Verwirrung erschöpft sich
von selbst.

In solch einer Lebensweise, im Verschmelzen mit jedem Moment, in der Versenkung des »Hier und Jetzt« ist der Geist in Frieden. Da gibt es nicht einmal mehr einen Geist, der ruhig wird, sondern nur natürliche Bewegung. Was ist richtig? Was ist falsch? Was ist Erscheinung? Was ist Leere? Wie kann man erleuchtet werden oder mit dem Weg übereinstimmen? – solche Fragen und Probleme verschwinden, alle Zweifel und Irrungen vergehen, und der «höchste Weg» erscheint in seiner Soheit.

Jagt nicht den Dingen
vor euren Augen nach,
und gleichzeitig ignoriert nichts.

Wenn im eigenen Geist
überhaupt nichts vorhanden ist,
gibt es keine Probleme.

心動帰止
止更弥動

Will man die Bewegung des Geistes
zum Stillstand bringen,
dann führt gerade dies
zur völligen Bewegung.

唯滞両辺
寧知一種

Wenn man lediglich
diesen beiden Extremen anhaftet,
wie könnte man
das Eine verstehen?

Den Geist in der Ruhe zum Stillstand bringen, bedeutet nicht, daß keine Bewegung mehr vorhanden ist, und die vollkommene Bewegung des Geistes darf nicht so verstanden werden, als ob der Geist, der bis jetzt in Ruhe war, sich plötzlich schnell bewegen würde. Den Geist beruhigen, das bedeutet, zur ursprünglichen, natürlichen Bewegung des Geistes werden.

Überläßt man zum Beispiel den eigenen Körper der Strömung eines Flusses, dann befindet sich der Körper innerhalb dieses Fließens im Stillstand. Versucht man aber gegen die Strömung zu schwimmen oder schneller als die Bewegung des Wassers zu sein, dann bewegt man sich. Es fällt euch relativ leicht, mit der Strömung eines Flusses zu treiben und euch der Bewegung des Wassers zu überlassen, aber im Falle des Wirkens eures Geistes fällt es euch schwer, der ursprünglichen, natürlichen Bewegung des Geistes zu entsprechen. Das, was ihr mit den Augen wahrnehmen könnt, bewältigt und versteht ihr leicht, aber wenn ihr etwas nicht mit dem Auge sehen könnt, habt ihr Schwierigkeiten, es zu verstehen und dementsprechend zu handeln. In Wirklichkeit ist es das gleiche – hört nur auf, euch unter Aufwendung von Willenskraft willkürlich entweder zu bewegen oder stillzustehen.

Stellt euch vor, ihr treibt mit der Strömung in einem Fluß. Es reicht vollkommen, wenn ihr die Kraft eures ganzen Körpers ablegt und euch entspannt. Wenn euer Wille auch nur ein wenig arbeitet, werdet ihr mit Sicherheit Schwierigkeiten haben oder sogar versinken. Genauso ist es, wenn ihr euch anstrengt, mit der Kraft eures Willens den Geist zu beruhigen. Ihr werdet im Gegenteil nur noch erregter, denn die Anstrengung, etwas zum Stillstand bringen zu wollen, ist gerade Bewegung. Zazen üben, den Geist beruhigen, das ist keine willentliche Selbstkontrolle, sondern ein Sich-Überlassen – sich dem ursprünglichen Wirken des Geistes überlassen –, es ist Entspannung. Deshalb wird Zazen auch *Anraku no hōmon,* das Dharmator des Friedens und Glücks, genannt.

> Wenn ihr euch deshalb anstrengt,
> den Geist zu beruhigen,
> dann bewegt sich der Geist
> nur um so mehr.

Dann treibt ihr letztlich nur
zwischen Bewegung und Stillstand
hin und her,
und der Geist kann nicht
friedlich sein im Einen.

兩　一
處　種
失　不
功　通

從　遣
空　有
背　沒
空　有

Das Eine
nicht zu durchdringen
bedeutet,
beides zu verfehlen.

Die Erscheinungen verbannen
bedeutet das Zunichtewerden der
Erscheinungen;
sich der Leere hingeben,
heißt der Leere widersprechen.

Ursprünglich gibt es keine Unterschiede, nur Harmonie. All die verschiedenen Dinge in ihrer ganzen Viel-
gestalt befinden sich in Harmonie miteinander und
sind «Wie-Eins». Solange ihr euch nicht im Geist-Zustand dieser Realität befindet, ist es egal, ob ihr euch
nach rechts oder links wendet, beides ist ohne Nutzen.

Wenn ihr euch bemüht, nicht von den Dingen, mit
denen ihr jeden Tag zusammentrefft, gefesselt zu werden, dann ignoriert ihr sie letztlich nur. Aber alles, so
wie es ist, in sich aufzunehmen, das ist etwas ganz
anderes, als es zu ignorieren. Genauso wie es zwei

verschiedene Dinge sind, alles in sich aufzunehmen oder sich davon fesseln zu lassen.

Wenn ihr die Erscheinungen, die euch umgeben, nicht wahrnehmt und nicht anerkennt, dann fallt ihr lediglich in ein Loch der Leere, denn wenn ihr versucht, um nicht in irgend etwas befangen zu sein, alles als Leere zu begreifen, dann wird genau dadurch die wahre Leere zunichte. Die Leere, der ihr euch willentlich hingeben wollt, ist nur eine willkürlich ausgedachte Vorstellung der Leere. Im *Herz-Sūtra* (Skrt. *Mahāprajñāpāramitā-Sūtra*) steht: «Form ist Leere, Leere ist Form.» Das, was existiert, indem es Form, Farbe und Funktion besitzt, ist gleichzeitig etwas, was diese Form, Farbe und Funktion transzendiert. In anderen Worten: Inmitten von Form, Farbe und Funktion wird es von keinem dieser Dinge gefesselt. Dies wird Leere genannt. Es ist deshalb nicht richtig, wenn ihr Wahrheit als Leere definiert, und es ist auch nicht korrekt, zu behaupten, daß sie Erscheinung ist. Form ist Leere, Leere ist Form – das bedeutet nicht einfach nur, daß beide einander entsprechen und gleich sind, sondern daß ES von Anfang an nicht in Begriffe wie Form oder Leere zu fassen ist; es ist das Leuchten eines kurzen Augenblicks. Deshalb ist die Wahrheit von «Hier und Jetzt» eins, ohne Raum für irgendwelche Vernünftelei – der höchste Weg ist nicht schwierig!

> Solange ihr
> diesen Geist-Zustand nicht erlangt,
> sind Bewegung und Stillstand,
> alles, was ihr tut, zwecklos.

Wenn ihr die Dinge verneint,
dann werdet ihr im Gegenteil
nur von ihnen gefesselt;
wenn ihr Leere bejaht,
dann vergeht sie.

多言多慮　転不相応

Viele Worte,
viele Gedanken –
je mehr es sind,
desto weniger entsprechen sie.

絶言絶慮　無処不通

Sind Worte und Gedanken
abgeschnitten,
dann gibt es keinen Ort,
der nicht durchdrungen ist.

Es heißt oft, daß es unsere «Triebe» sind, die uns krankmachen oder die Gesellschaft in Verwirrung und Chaos bringen. Aber ist das tatsächlich wahr? Sehen wir uns zum Beispiel die Tierwelt an, wo die Triebe in ihrer reinsten Form gelebt werden, oder auch «primitive» Völker, dann fällt uns auf, daß es dort keine sexuellen Probleme, keine Vergewaltigungen und keine disharmonischen Handlungen gibt. Nicht etwa, weil es dort weniger Triebe gäbe oder weil sie anders und besser kontrolliert würden, sondern weil dort die Triebe in ihrer natürlichsten Form zur Wirkung kommen.

Das, was dies jedoch verhindert, störend wirkt und zu Entartungen führt, sind nichts anderes als unsere eigenen abstrakten Ideen und Vorstellungen.

Früher wurden diese Vorstellungen hauptsächlich in Worte gefaßt und durch diese repräsentiert, aber heutzutage beschränkt sich die Übermittlung dieser eigenmächtig erzeugten Begriffe nicht mehr vorwiegend auf Worte, sondern geschieht größtenteils durch Bilder. Wir sind, bevor wir überhaupt anfangen, selbst nachzudenken und nach Worten zu suchen, schon durchdrungen von einer Masse von Konzeptionen, Ideen und Bildern, die wir durch die Medien in uns aufgenommen haben, und das Resultat davon ist, daß wir, obwohl wir die Absicht haben, zu sehen, nicht wirklich sehen, und obwohl wir die Absicht haben, zu denken, nicht tatsächlich denken, sondern uns lediglich in festgefahrenen Begriffen bewegen und darin steckenbleiben.

Je mehr ihr in diesen Begriffen befangen seid und ihnen nachjagt, um so mehr entfernt ihr euch von der Wahrheit. Deshalb sagte Meister Rinzai (chin. Lin-chi I-hsüan, gest. 866/67), der Begründer der Rinzai-Schule des Zen, eines Tages zu seinen Schülern: «In eurem Körper aus Fleisch und Blut ist ein wahrer Mensch ohne Rang. Er kommt und geht durch die Tore eures Gesichtes. Diejenigen, die noch keinen Beweis davon haben, seht selbst, seht selbst!»[5] Das Wichtigste in diesen Worten von Meister Rinzai ist nicht der «Mensch ohne Rang», sondern die Worte: «Seht selbst, seht selbst!» Die meisten Übenden jedoch versuchen nur zu begreifen, was es mit diesem «Mensch ohne Rang» auf sich hat und verfallen in ein «Nachdenken über» ihn, und genau dort liegt der Fehler.

Mit einem «Nachdenken darüber» ist nichts gewonnen. Es gibt nur eines – seht selbst, direkt und unmittelbar! Es ist sogar in Ordnung, wenn ihr gar nicht euch selbst betrachtet; ihr könnt genausogut Bäume, Gräser und die Vögel vor euren Augen betrachten. Denkt nur nicht darüber nach, sondern seht direkt – das seid ihr selbst! Der Mensch ohne Rang ist, ob ihr über ihn nachdenkt oder nicht, klar und deutlich vorhanden. Aber ihr bemüht euch nicht, direkt zu sehen, sondern denkt statt dessen nur darüber nach, ohne zu bemerken, daß dieses Nachdenken oft nicht einmal ein tatsächliches Denken ist, sondern nur ein Herumirren in den Begriffen, die ihr irgendwann in euch aufgenommen habt und an denen ihr nun festhaltet.

Auf diesen Fehler weist Sōsan hier eindringlich hin. Hört deshalb auf, zu überlegen, und fangt erst einmal an, euch im Sehen zu üben.

> Je mehr ihr sagt,
> je mehr ihr denkt,
> desto weiter
> entfernt ihr euch von der Wahrheit.

> Wenn ihr nicht an Worten
> und Unterscheidungen hängt
> und alle relativen Mittel vernichtet,
> dann seid ihr eins mit allem.

帰根得旨　随照失宗

須臾返照　勝却前空

Kehrt man zum Ursprung zurück,
so erlangt man das Prinzip;
folgt man den Widerspiegelungen,
so verliert man die Essenz.

Ein Moment des Zurückkehrens
von den Widerspiegelungen
übertrifft sogar
das Reich der Leere.

Was hier als «Ursprung» bezeichnet wird, ist das gleiche, was zwölf Strophen vorher «subtiles Prinzip» genannt wurde und was Meister Hakuin «mit einem Hieb alle acht Bewußtseinsebenen durchschneiden» nannte. Wenn man deshalb von den Widerspiegelungen, von jedem einzelnen, was im Bewußtsein aufsteigt, irregeführt wird, dann verliert man diesen «Ursprung» aus den Augen.

Der erste Vers im *Shinjinmei*, «Der höchste Weg ist nicht schwierig, nur ohne Wahl», erscheint im *Hekiganroku* bereits als zweites Kōan und wird bis zum heutigen Tag in der Übung verwendet. Auch der berühmte Schwertkämpfer der Meiji-Zeit, Yamaoka Tesshu (1836–1903), arbeitete an diesem Kōan, und es heißt, daß er den ausgespuckten Speichel eines Passanten von der Straße aufleckte, um so den Geistzustand dieses Kōan zu erfassen. Aber diese Vorgehensweise ist gerade der Geist-Zustand, der in dieser Strophe «folgt man den Widerspiegelungen, so verliert man die Essenz» genannt wird. Diese Übungsweise war zwar nicht wertlos, denn nur weil er das Problem bis zu diesem Grad gründlich erforschte und derartig davon gefesselt war, konnte letztlich ein großer innerer Umschwung stattfinden. Aber dennoch – es ist nutzlos, wenn ihr euch anstrengt, Bohnenpaste und Kot als Gleiches zu betrachten, um gewaltsam einen Geist-Zustand der Gleichheit zu erzeugen, und es führt im Gegenteil nur weg vom «höchsten Weg».

Ihr dürft jedoch auf keinen Fall übersehen, daß der Grund, warum Yamaoka Tesshu zu dieser Einsicht gelangen konnte, in der Tatsache lag, daß er dieses Kōan wirklich wortwörtlich nahm, es vollkommen und bis zum letzten Tropfen auskostete und es so überschreiten konnte. Was immer es ist, nur wenn ihr bis zum tiefsten Punkt hinuntersteigt und es gründlich durchdringt, kann ein Überschreiten geschehen. Dann wird euch die gleiche Energie, die euch zum tiefsten Punkt hinunterzog, zum höchsten Punkt aufsteigen lassen. Es ist ein natürlicher Prozeß, ohne irgendeine Willensanstrengung, so wie ein Taucher, der durch dieselbe Kraft, die ihn zum Grund führte, wieder nach oben schnellt. Hört deshalb auf, in den seichten und trüben Gewässern eurer Gedanken umherzuschwimmen –

Ein Moment des Zurückkehrens
von den Widerspiegelungen

nur wenn ihr selbst den wahren Geist-Zustand realisiert, ist es von Nutzen für euch selbst. Nur dem, was
andere sagen, zuzuhören, führt zu gar nichts.

Wenn ihr aber auch nur für einen Augenblick nicht
von den Objekten eurer Wahrnehmung und euren geistigen Aktivitäten irregeführt werdet, sondern zum eigenen ursprünglichen Wesen erwacht, mit allem verschmelzt, dann wird die Vorstellung einer Leere, einer
willkürlich ausgedachten Leere, überschritten. Leere
oder Nichtleere, solche Gedanken werden vergessen,
und das ursprüngliche, natürliche Wirken, das Wirken
ohne Liebe oder Haß, kommt zum Vorschein.

> Erfaßt ihr die Wurzel,
> dann erlangt ihr die Essenz;
> verirrt ihr euch jedoch
> in den Zweigen und Blättern,
> dann verliert ihr alles aus den Augen.

> Seid ihr auch nur einen Moment
> selbst erleuchtet,
> dann seid ihr der Herr
> des Universums.

皆　前　Der Wandel
由　空　des Reiches der Leere
妄　転　erscheint abhängig
見　変　von Täuschungen.

唯　不　Du brauchst nicht
須　用　nach der Wahrheit zu suchen;
息　求　laß nur unbedingt ab
見　真　von Überlegungen.

Laßt euch, wenn ihr diesen Vers lest, nicht von den
Worten «Leere», «Wandel» und «Täuschung» hinters
Licht führen. Was wir vor Augen haben, ist weder
Leere noch Wandel und auch keine unbewegliche,
stillstehende Erscheinung. Empfangt ES nur so, wie es
ist! – wenn ihr das nicht könnt, dann ist alles nur ein
Bild, das ihr euch selbst ausgemalt habt. Deshalb sagt
Sōsan:

> Du brauchst nicht
> nach der Wahrheit zu suchen;

Es ist nicht nötig, nach der Wahrheit zu suchen – aber es nützt euch auch nichts, wenn ihr einfach «nicht sucht» und im Zustand eurer Täuschungen und Vorstellungen stehenbleibt. Suchen oder Nichtsuchen ist beides, solange es sich innerhalb des Bereichs eurer gedanklichen Aktivitäten befindet, ohne Nutzen. Seid deshalb nicht von den Worten Leere und Wandel befangen, hört auf «über» Dinge nachzudenken, und empfangt alles so, wie es ist – direkt und unmittelbar.

Daß ihr die ursprüngliche Leere
vor euren Augen
in verschiedene Welten festlegt,
hängt ab von euren eigenen
willkürlichen Täuschungen.

Es ist nicht notwendig,
nach dem zu suchen, was wahr ist;
hört nur auf,
eigenmächtige Unterscheidungen
zu fällen.

慎　二
莫　見
追　不
尋　住

紛　才
然　有
失　是
心　非

Verweile nicht
in dualistischen Anschauungen;
vermeide absolut,
ihnen zu folgen.

Existiert auch nur ein wenig
Richtig und Falsch,
dann wird der Geist
in Verwirrung verloren.

Sōsan sagt,

Verweile nicht
in dualistischen Anschauungen;

um euch erkennen zu lassen, daß keine dualistischen
Dinge existieren, wenn ihr alles in seiner Soheit direkt
empfangt. Nur wenn ihr anfangt, über Dinge nachzudenken, entstehen plötzlich dualistische Begriffe. Und
Sōsan fährt fort mit den Worten,

vermeide absolut,
ihnen zu folgen.

um euch darauf hinzuweisen, daß ihr aufhören sollt,
eurem Nachdenken über Dinge nachzugeben. Denn
wenn ihr über das, was jetzt vor euren Augen ist,
nachdenkt und ihm hinterherrennt, dann endet es damit, daß ihr das Nächste, was vor euren Augen auftaucht, ignoriert. Empfangt nur alles so, wie es ist,
dann wird eines nach dem anderen zu euch kommen
und euch erfüllen, ohne daß ihr ihm nachhetzen müßt.
Aber wenn in euch auch nur ein kleiner Gedanke des
«Überlegens» auftaucht, dann könnt ihr die Welt in
ihrer Soheit nicht mehr in euch aufnehmen.

Existiert auch nur ein wenig
Richtig und Falsch,

Wenn ihr auch nur den Hauch einer dualistischen Anschauung erzeugt, über Dinge nachdenkt und die eigenen ausgemalten Bilder und Begriffe in den Vorder-
grund stellt, dann entsteht ein Durcheinander, und ihr
verliert euren ursprünglichen Geist, der sich jenseits
von Zweifel und Abwägungen befindet, eure ursprüngliche Kraft, euer Leben an sich aus den Augen.

Seid nicht befangen
in einseitigen Meinungen,
und laßt euch
unter keinen Umständen
von etwas verfolgen.

Fangt ihr an,
auch nur ein wenig
über Dinge nachzudenken,
dann wirkt
der ursprüngliche Geist nicht,
und ihr verliert
das Wahre aus den Augen.

二由一有
一亦莫守

Zwei existiert
abhängig vom Einen,
aber man darf auch nicht
bei dem Einen verharren.

Laßt mich euch, bevor wir im Text fortfahren, eindringlich darauf hinweisen, daß das Lesen eines Zen-
Textes nichts mit Lernen im üblichen Sinn zu tun hat.
Wir brauchen überhaupt nichts über Zen oder Buddhismus zu lernen. Es ist nicht notwendig, das *Shinjinmei* oder andere Texte zu *verstehen*. Wichtig ist allein,
die Frage des eigenen Lebens, der eigenen Lebensweise
zu durchdringen.

Um diesem Problem näherzukommen, haben wir
überlieferte Texte und buddhistische Lehren. Nicht
um sie zu erlernen, sondern um durch sie und mit ihrer

Hilfe diese Frage des eigenen Lebens zu ergründen. Seid euch über diesen Punkt im klaren, bevor ihr nun den nächsten Vers lest.

Zwei existiert
abhängig vom Einen,

Diese Zwei ist nicht einfach nur Zweiheit, sondern alles, was sich als Erscheinung offenbart. Man kann deshalb sagen, daß alle Erscheinungen Zwei sind. Wenn es Mann gibt, gibt es Frau. Mit einer Vorderseite gibt es eine Rückseite. Mit Licht existiert Schatten, Gewinn bedingt Verlust. Groß und klein, alle diese verschiedenen Dinge offenbaren sich als Erscheinungen, als etwas, was sich durch Form, Farbe, Geruch, Wirkungsweise und so weiter kundtut, und darunter fallen nicht nur stoffliche Dinge, sondern auch unsere Gedanken und unsere Worte.

Wenn etwas in Worte gefaßt ist, wenn etwas in unserem Bewußtsein auftaucht, ist es bereits eine Erscheinung, und einhergehend damit entsteht notwendigerweise auch sein Gegenteil. Sagt man Geist, dann entsteht sofort als Gegensatz dazu Körper. Sagt man heilig, dann entsteht weltlich. Denkt deshalb bei dem Begriff «Erscheinung» nicht nur an Materie, sondern auch an das, was ihr euch in Gedanken ausmalt, was durch Worte ausgedrückt und mit Logik untersucht wird. Alle diese Dinge, die Objekte unserer Sinne, sind wechselseitig und dualistisch. Aber obwohl sie sich einerseits im Gegensatz zueinander befinden, beruhen sie andererseits auf dem Absoluten, auf dem Einen. Dies wird im Buddhismus Gleichheit genannt und mit Wahrheit an sich gleichgesetzt.

Das, was alles immer und überall gleichermaßen durchdringt, ohne jegliche Unterschiede, ist ausschließlich Wahrheit. In den Erscheinungen gibt es Begrenzungen, existieren Unterschiede zwischen dem, was sich in Reichweite befindet, und dem, was unerreichbar ist, aber es gibt keine wahre Gleichheit. Eine Gleichheit, die auf einer Übereinkunft der Gesellschaft beruht, ist bestimmt nichts, was sich als wahre Gleichheit über alles erstreckt. Deshalb kann nur das Eine, das in allen Dingen unterschiedslos wirkt und zum Vorschein kommt, als Gleichheit bezeichnet werden. Es gibt dafür viele schwierige Worte wie Buddha, Gott, Wahrheit oder Glaube, aber wesentlich ist nur: Es ist eins!

Dieses Eine ist etwas, aus dessen Rahmen niemand heraustreten kann, dessen Einfluß niemand entgehen kann, und es gibt niemanden, der getrennt davon leben kann. Weil Menschen ihr Leben leben, ohne dies zu bemerken, weil sie in Gleichgültigkeit gegenüber diesem Einen leben, entstehen die unzähligen Leiden und Verwirrungen. Das ist es, wovor uns die Patriarchen und Meister der Vergangenheit wieder und wieder warnen.

Ihr dürft nun aber nicht dem Irrtum verfallen, zu denken, daß es deshalb richtig wäre, euer Augenmerk nur auf das Absolute, auf das, was Buddha genannt wird, zu richten. Denn diese Wahrheit offenbart sich, während sie sich von Moment zu Moment wandelt, als Erscheinung. Wenn ihr deshalb Erscheinungen gleichgültig oder unbedacht behandelt, oder sie gar ignoriert, dann behandelt ihr Wahrheit an sich gleichgültig und unbedacht; und wenn ihr andererseits von dem, was diesen Erscheinungen zugrunde liegt, vom

Einen, gefesselt werdet, dann ist auch dies wiederum nur Täuschung.

Wesentlich ist, weder im Aspekt der Erscheinungen befangen zu sein noch vom Einen gefesselt zu werden. Ihr dürft das Eine nicht vergessen, aber wenn ihr euch fragt, ob ihr gemäß dem Einen lebt, und euch anstrengt, ihm zu entsprechen, dann entfernt ihr euch nur davon. Denkt ihr jedoch, daß es nichts ausmacht, das Eine zu vergessen, und ignoriert es deshalb, dann werdet ihr nur von den Erscheinungen gefesselt.

> Der höchste Weg
> ist nicht schwierig,
> nur ohne Wahl.

Die Welt der Zwei ist eine Welt der Gegensätze und Begrenzungen. Eine Ansicht, die darin befangen bleibt, wird «Anschauung der Vergänglichkeit» (jap. *danken*) genannt. Das Gegenteil davon, eine Ansicht, die darauf besteht, daß das, was den Erscheinungen zugrunde liegt, das Eine, ewig fortdauert, wird «Ansicht der Dauer» (jap. *jōken*) genannt. Beide Ansichten sind dualistische Anschauungsweisen, und in einer davon zu verharren und sie zur Wahrheit zu erklären, wird «einseitige Ansicht» (jap. *henken*) genannt.

Den Geist-Zustand, der dies alles jedoch vollkommen überschreitet und sich frei und ungehindert bewegt, können wir in folgendem Dialog zwischen einem Mönch und Meister Jōshū erkennen: Eines Tages kam ein Mönch zu Meister Jōshū und fragte ihn: «Alle Dinge kehren letztlich zum Einen zurück. Wohin kehrt das Eine zurück?» Jōshū antwortete: «Als ich in meinem Heimatort Seishu war, kaufte ich ein Gewand, das war sieben Kin (ein Kin ist etwa 500 Gramm) schwer.»[6]

Weil die Erscheinungen, mit denen ihr jeden Tag konfrontiert seid, jede für sich eine individuelle Form, Farbe und Wirkungsweise besitzen, ist euer Vermögen, die Unterschiede der Dinge wahrzunehmen, sehr stark ausgebildet; ihr führt also ein Leben, das leicht in der Welt der Unterscheidungen befangen bleibt. In allen religiösen Lehren wird deshalb versucht, die Gleichheit aller Dinge erkennen zu lassen, was zum Beispiel in Worten wie «Gott liebt alle Dinge in gleicher Weise» Ausdruck findet.

Auch in den Wissenschaften wird versucht, die Wahrheit, die in allen Dingen und ihrer Verschiedenheit in gleicher Weise wirkt, zu erkennen. Ob religiös oder wissenschaftlich – seid euch der Gefahr bewußt, von der sogenannten «einen, fundamentalen Wahrheit» oder auch von der «Gleichheit der Liebe» gefesselt zu werden. Erscheinung und Wahrheit – das sind keine verschiedenen Dinge. Ihr mögt das zwar intellektuell verstehen, aber wenn euch jemand plötzlich darüber eine Frage stellen würde, könntet ihr dann so wie Jōshū unbefangen und natürlich und ohne zu überlegen antworten: «Das Eine ist das Gewand, das ich in meiner Heimatstadt gekauft habe?»

Solch einen Geist-Zustand zu erlangen ist wirklich nichts Einfaches und äußerst wunderbar. Es gibt viele Menschen, die verstehen, daß alle Dinge die Erscheinung Buddhas sind. Aber jemand, der, wenn er unvermittelt gefragt wird: «Was ist der Buddha?» einfach und ohne Zögern den Stock, den er gerade in der Hand hält, oder die Handtasche hochhalten kann – solch ein Mensch ist selten. Das ist der Unterschied

zwischen Wissen und einem entsprechenden Geist-Zustand.

Sōsan sagt:

> Zwei existiert
> abhängig vom Einen,
> aber man darf auch nicht
> bei dem Einen verharren.

Das sind nicht nur Worte, und es ist kein Wissen; es ist
vielmehr der lebende Sōsan an sich. Vertieft euch deshalb gut in das, was er sagt, und kostet es gründlich
aus. Es hat nichts zu tun mit Logik, sondern ist ein
Zustand, den ihr selbst direkt realisieren müßt.

Nur weil es unter tausend Menschen kaum einen
gibt, der diese Realität erkennt und durchdringt, entstehen Worte und Vorträge, die es logisch und gemäß
den Gewohnheiten der Menschen darlegen. Leider
wird genau dies wiederum zum Samen für das, was
euch in Verwirrung bringt und hin und her rennen
läßt. Deshalb sagte der chinesische Meister Ummon
(chin. Yün-men Wen-yen, 864–949): «Es wäre besser
gewesen, Shakyamuni gleich bei seiner Geburt den
Hals umzudrehen und ihn den Hunden zum Fraß vor-
zuwerfen.»

> Erscheinungen sind dualistisch,
> existieren abhängig vom Einen,
> aber trotzdem
> dürft ihr das Eine nicht festhalten.

一　無
心　咎
不　無
生　法

万　不
法　生
無　不
咎　心

Wenn sich kein Geist erhebt,
sind die Zehntausend Erscheinungen
ohne Fehler.

Keine Fehler,
keine Erscheinungen –
Nicht-Erheben,
Nicht-Geist.

Der Begriff «Geist» hat verschiedene Bedeutungen. Er wird verwendet im Sinne von fundamentaler Wahrheit, beschreibt aber auch das in jedem wirkende Leben an sich sowie die geistigen Aktivitäten, die eine natürliche Erscheinung dieses Lebens sind. Darüber hinaus impliziert er auch das Wirken, das als das Treffen begrifflicher Unterscheidungen bezeichnet werden kann. Der Geist, von dem Sōsan in diesem Vers spricht, ist der letztere – der Geist, der begriffliche Unterscheidungen trifft, der die Grenzen zwischen den verschiedenen Dingen erzeugt, sie vergleicht,

Vor- und Nachteile sieht und dann auswählt. Wenn sich solch ein Wirken des Geistes erhebt, dann werden die einzelnen Dinge mit einem Etikett versehen, auf dem entweder gut oder schlecht steht.

Im Zen gibt es ein bekanntes Sprichwort: «Etwas Großes ist ein großer Buddha, etwas Kleines ist ein kleiner Buddha.» Obwohl ein klarer Unterschied zwischen groß und klein gemacht wird, wird beides in seiner Soheit als vollkommene Existenz gesehen. Das nennt Sōsan: «Die Zehntausend Erscheinungen sind ohne Fehler.» Die einzelnen Erscheinungen besitzen zwar ihre jeweiligen Eigenarten, aber gleichzeitig existieren sie nur in der Harmonie mit allem anderen. Während es Unterschiede gibt, gibt es keine Unterschiede.

> Keine Fehler,
>
> keine Erscheinungen –

das heißt nicht, daß es keine Erscheinungen an sich gibt, sondern daß es keine Erscheinungen gibt, die nur für sich allein, losgelöst von allem anderen existieren. Ihr dürft nicht denken, daß Leere oder Nichts bedeutet, daß es nichts gibt – ursprünglich existiert jede einzelne Erscheinung in einer Weise, in der sie abhängig vom hundertprozentigen Ausdruck ihrer Individualität mit dem Ganzen verschmolzen und selbst vergangen ist. Aufgrund unserer begrifflichen Unterscheidungen geschieht es, daß wir nur die eine Seite, die der Individualität, betrachten und dies in einer Art, als ob sie etwas von der Harmonie des Ganzen Getrenntes, für sich allein Existierendes wäre. Das verseht ihr dann mit Begriffen wie Überlegenheit und Minderwertigkeit, wertvoll und nutzlos, gut und schlecht und erzeugt so in dieser Welt Dinge, die bewahrt werden müssen, und solche, die vernichtet werden müssen.

In der langen Geschichte der Menschheit wurden viele Menschen umgebracht, weil andere eine bessere Gesellschaft, eine in ihrem Sinne ideale Welt erschaffen wollten. Nicht nur Menschen, auch die Harmonie der Natur fiel dieser Denkweise zum Opfer. Einer Denkweise, in der es Dinge gibt, die wichtig und solche, die wertlos sind.

> sind die Zehntausend Erscheinungen
> ohne Fehler.

Es gibt nichts, was umgebracht oder vernichtet werden müßte – diese Worte von Sōsan sind gerade für uns heutzutage, in einer Welt mit globalen Problemen, die in ihrem ganzen Ausmaß noch nicht einmal erkannt sind, ein sehr ernst zu nehmender und wichtiger Hinweis.

> Wenn sich kein Geist
> der Unterscheidungen erhebt,
> gibt es keinerlei
> unnütze Dinge.

> Die Welt ohne nutzlose Dinge
> befindet sich in Harmonie,
> und es gibt keine Ausnahmen;
> ohne Unterscheidungen
> gibt es keinen Geist,
> der in Begriffen befangen ist.

能　境
随　逐
境　能
滅　沈

Das Subjekt folgt dem Objekt
und vergeht;
das Objekt folgt dem Subjekt
und versinkt.

境　能
由　由
能　境
境　能

Das Objekt ist abhängig
vom Subjekt ein Objekt;
das Subjekt ist abhängig
vom Objekt ein Subjekt.

Ihr wißt zwar, daß es wichtig ist, sich mit der Umgebung in Harmonie zu befinden, um ein glückliches, erfülltes Leben zu führen, aber wißt ihr denn, was wahre Harmonie eigentlich ist?

Um Harmonie zu erreichen, versucht ihr den anderen zu verstehen, ihr konzentriert euch auf ihn, beobachtet ihn und denkt über ihn nach. Aber Harmonie entsteht dadurch nicht, denn selbst wenn ihr bei diesem Begutachten und Verstehenwollen mit den besten Absichten vorgeht, führt das nur zu einer Stärkung des Geistes, der sich des anderen «bewußt» ist.

In anderen Worten, ihr seid euch einer «Harmonie» bewußt und vertieft so nur die Gegensätze zwischen euch selbst und den Dingen, die euch umgeben. Nur weil es in eurem Bewußtsein eine dicke Trennungslinie zwischen euch selbst und anderem gibt, müßt ihr euch erneut anstrengen, um Harmonie zu erzeugen – aber Wahrheit ist ursprünglich und von Anfang an Harmonie an sich.

Es gibt kein Selbst, das von der Umgebung, von den Objekten getrennt ist, und es gibt keine Objekte, die getrennt sind von einem selbst. Der Grund, warum ihr Probleme habt, ein harmonisches Dasein zu führen, beruht auf dem Bewußtsein eures Ego.

Deshalb sagt Sōsan:

> Das Objekt ist abhängig
> vom Subjekt ein Objekt;
> das Subjekt ist abhängig
> vom Objekt ein Subjekt.

Ein Geist, der nach Harmonie strebt, ist unnötig. Es besteht keine Notwendigkeit, nach irgend etwas zu suchen, irgend etwas zu begehren – seid nur entspannt in der vollkommenen, ursprünglichen Harmonie.

Meister Rinzai sagt: «*Buji kore kinin* – Ohne irgendein Ding sein ist Adel.» Und er fährt fort: «Kein Geist, der nach etwas verlangt oder sucht, das ist Adel.»

> Wenn ihr euch nicht
> der Dinge um euch her bewußt seid,
> dann vergeht auch das Bewußtsein
> eines Selbst;

wenn ihr euch
euer selbst nicht bewußt seid,
dann vergehen
die euch umgebenden Dinge
ganz natürlich.

Wenn ihr euch
euer selbst bewußt seid,
entstehen gegensätzliche Dinge;
wenn ihr euch
der Dinge bewußt seid,
wird auch der Geist,
der sich seiner selbst bewußt ist, stark.

欲知両段
一空同両
不見精麁

元是一空
斉含万象
寧有偏党

Wer diese beiden Aspekte
verstehen möchte, muß wissen,
daß beides ursprünglich
eine Leere ist.

Die eine Leere
ist gleichzeitig beides
und enthält alle
Zehntausend Erscheinungen.

Es gibt weder
Feines noch Grobes,
warum sollte es
einseitige Anschauung geben?

Wenn ihr diese Beziehung, dieses Verhältnis zwischen
Zwei und Einem verstehen wollt, müßt ihr wissen,
daß beides eigentlich Leere ist. Erst dann könnt ihr den
Geist-Zustand der Nichtbefangenheit – weder von der
Zwei noch vom Einen – zum Ausdruck bringen. Alle
unterschiedlichen Erscheinungen sind das Wirken und
die Offenbarung dieser einen Leere. Dies ist keine

Ideologie oder buddhistische Auffassung, sondern die Wahrheit der Existenz an sich.

Die Erfahrung dieser Wahrheit wurde zum Beispiel von dem Dichter Rainer Maria Rilke folgendermaßen beschrieben:

«Er gedachte der Stunde in jenem anderen südlichen Garten, da ein Vogelruf draußen und in seinem Innern übereinstimmend da war, indem er sich gewissermaßen an der Grenze des Körpers nicht brach, beides zu einem ununterbrochenen Raum zusammennahm, in welchem, geheimnisvoll geschützt, nur eine einzige Stelle reinsten, tiefsten Bewußtseins blieb. Damals schloß er die Augen, um in einer so großmütigen Erfahrung durch die Kontur seines Leibes nicht beirrt zu sein, und es ging das Unendliche von allen Seiten so vertraut in ihn über, daß er glauben durfte, das leichte Aufruhn der inzwischen eingetretenen Sterne in seiner Brust zu fühlen.»[7]

> Die eine Leere
> ist gleichzeitig beides
> und enthält alle
> Zehntausend Erscheinungen.

Die ursprüngliche Leere bringt nicht nur alle Erscheinungen hervor, sondern jede einzelne Erscheinung, sich wandelnd von Moment zu Moment, ist wiederum in allen anderen widergespiegelt, so wie bei einer Kristallkugel, in der sich alle anderen Kugeln widerspiegeln.

Im *Avatamsaka-Sūtra* wird dies als «Indras Netz» beschrieben. Am Himmel Indras, dem Gott des Firmaments, hängt ein Netz, in dessen Knotenpunkten sich jeweils ein Juwel befindet. Obwohl die einzelnen Juwelen voneinander getrennt sind und in keiner Beziehung zueinander zu stehen scheinen, sind sie in Wirklichkeit alle miteinander verbunden und spiegeln einander wider. Entfernt man deshalb auch nur ein einziges Juwel, dann wirkt sich das auf das Spiegelbild in allen anderen Juwelen aus.

In gleicher Weise ist auch unser Leben etwas, das unvermeidlich mit anderem in Beziehung steht. Es ist nicht nur die eine Leere, die alle Erscheinungen in sich enthält, sondern jede Erscheinung an sich enthält wiederum alle anderen Erscheinungen. Und darin gibt es keine Unterscheidungen von Überlegenheit und Unterlegenheit.

> Es gibt weder
> Feines noch Grobes;
> warum sollte es
> einseitige Anschauung geben?

Dort gibt es keine Vergleiche zwischen fein und grob, zwischen groß und klein. Im Kleinen ist das Große enthalten, im Großen spiegelt sich das Kleine. Es gibt nichts Vergleichbares, nichts zwischen dem man abwägen könnte – wie könnte man da eine einseitige Anschauung hegen.

> Wollt ihr die Wahrheit der Existenz
> von euch selbst und anderen wissen? –
> Es ist ursprünglich eine einzige Leere.

Wie auch immer –
ihr selbst seid
wie andere und alle Erscheinungen
von der Leere erfüllt.

Es gibt schon nichts Vergleichbares,
wie könnte es Einseitiges geben?

大
道
体
寛

無
易
無
難

Der Große Weg an sich
ist ruhig und weit –
weder leicht
noch schwer.

Vergeßt nicht, daß gleich, ob es Leere oder Geist, Buddha oder Großer Weg genannt wird, damit immer dasselbe gemeint ist. Wenn ihr die Worte «Großer Weg» oder «höchster Weg» lest, dann mag es euch zunächst erscheinen, als ob es sich um etwas außerhalb von euch selbst handelt, etwas, das keine unmittelbare Beziehung zu euch selbst hat – um etwas Wunderbares, das man zwar nicht richtig begreift, aber doch irgendwie verstehen möchte.

Dieses Verstehenwollen wird dann leicht zu einem Vorhaben, bei dem man sich anstrengt, das, was darüber gesagt und geschrieben wurde, zu erlernen. Aber was wird tatsächlich mit den Worten «Großer Weg» beschrieben? Was ist denn eigentlich gemeint mit «Glaube an den Geist»? Was ist dieser Geist? Ersetzt alle diese Begriffe durch ein einziges Wort: Ich – und dann lest es noch einmal so: «Glaube an mich selbst», «Ich selbst an sich bin ruhig und weit, weder leicht noch schwer», und ihr werdet sehen, daß euch das Problem schon etwas nähergerückt ist. Es stellt sich dann die Frage, warum man selbst «ruhig und weit», das heißt grenzenlos ist und keinen Beschränkungen unterliegt.

Mit eurer ganzen Gelehrsamkeit werdet ihr von verschiedenen Dingen und Worten gefesselt. Ihr neigt dazu, über die Dinge nur innerhalb der jetzigen Bedingungen – zum Beispiel das momentane eigene Alter, die momentanen Wünsche – nachzudenken. Es ist jedoch unbedingt notwendig, viel offener, weiter und umfassender zu denken; das eigene Leben als solches zu bedenken, wenn man ein erfülltes Leben führen möchte.

Wir alle wollen gern glücklich sein, das ist unser innerstes Anliegen. Nicht nur heute, sondern auch morgen, übermorgen und danach möchten wir glücklich sein. Dieses innerste Bedürfnis ist etwas, worüber wir uns im klaren sind, aber wir wissen leider meistens nicht, wie wir dies konkret anstellen sollen. Viele Mütter denken zum Beispiel, daß ihr eigenes Leben, ihr innerstes Anliegen, erfüllt sei, wenn es nur ihren Kindern gutgeht und sie glücklich sind. Sind die Kinder dann groß geworden und verlassen das Elternhaus, dann bleibt in vielen Fällen nur Langeweile, Unzufriedenheit und manchmal sogar der Wunsch zu sterben übrig. Ich las einmal einen Artikel über einen älteren Herrn in der Zeitung, der zwar für sein Alter eine reichliche Geldsumme zur Seite gelegt, aber nun Selbstmord verübt hatte. In seiner Vorstellung hatte er weit vorausgedacht und, um auch im Alter möglichst glücklich zu sein, Geld gespart. Der Grund für seinen Selbstmord war nach seinen Worten Einsamkeit und Langeweile.

Wir müssen uns deshalb wieder und wieder fragen und ergründen, was eigentlich unser innerstes Anliegen ist, was wir eigentlich sind. «Das interessiert mich nicht, fürs erste reicht es, wenn ich jetzt glücklich bin» – selbst wenn ihr solch eine Einstellung hegt, solltet ihr bedenken, daß der jetzige Moment des Glücks sofort zum nächsten Moment wechselt. Das, was nur jetzt – fürs erste – glücklich sein will, ist nicht unser innerstes Selbst, sondern nur unser oberflächliches Selbst. Wenn sich deshalb der Moment des Glücks gewandelt hat und die nächste Situation auftaucht, meldet sich bestimmt unser innerstes Selbst und fragt: «Bist du jetzt auch wirklich glücklich? Ist es dir so, wie es jetzt ist, recht?» Während wir einerseits vor anderen prahlen und sagen: «Für das, was ich tue, trage ich allein die Verantwortung», gibt es andererseits immer mehr Menschen, die ihr eigenes Leben verpfuschen, weil sie von der fragenden Stimme ihres Selbst in die Enge getrieben werden und nicht mehr ein noch aus wissen.

Auf das, wozu man die Beziehung nicht abbrechen kann – man braucht hier gar nicht mit großartigen Worten vom «Verhältnis zwischen sich und Gott» zu sprechen –, auf das, was uns unvermeidlich diese Frage stellt, selbst wenn es keine bewußte, klare Frage ist, sondern sich als Sorge in den verschiedensten Formen, als Unzufriedenheit, Vergeblichkeit oder Einsamkeit, bemerkbar macht, wird schon seit alter Zeit durch die Frage nach der Übereinstimmung mit dem Weg hingewiesen. Daraus entwickelte sich die Lehre, die besagt, daß man kein wirklich erfülltes Leben führen kann, solange man nicht den «höchsten Weg» ergründet hat. Bedenkt das gründlich, sonst werdet ihr nicht verstehen, warum man sich um den Weg bemühen soll oder warum um Buddha oder Gott so viele Worte gemacht werden.

Was ist also die konkrete Voraussetzung, um glücklich zu sein – nicht nur in diesem Augenblick, sondern auch im nächsten und wiederum im nächsten? Die Antwort auf diese Frage liegt nicht darin, daß man herausfindet, was man tun muß, um glücklich zu werden. Das Wichtigste ist vielmehr, sich in die Frage nach dem eigenen Selbst zu vertiefen und zu ergründen, was dieses «Selbst» eigentlich ist.

Im Ausland komme ich manchmal mit jungen Christen ins Gespräch, die sich oft mit der Frage beschäftigen, wie sie dem Willen Gottes entsprechen können. Einige denken, sie könnten seinem Willen durch eine Lebensweise entsprechen, die dem folgt, was in der Bibel gelehrt wird. Aber es gibt unzählige Interpretationen der Bibel, und die Frage, was der Wille Gottes eigentlich sei, bleibt damit offen. Ich glaube nicht, daß es eine Frage ist, die durch die Bibel oder Abhandlungen von Wissenschaftlern verstanden werden kann. Es bleibt nichts anderes übrig, als Gott selbst danach zu fragen. Nicht durch die Bibel, nicht durch ein Betrachten der Lebensweise von Jesus, nicht durch Priester, sondern nur durch direktes, unmittelbares Einswerden mit Gott. Nur 'dadurch kann der Wille Gottes durchdrungen werden.

Wenn ihr deshalb versucht, den «Großen Weg» zu erfassen, dann müßt ihr eure eigene ursprüngliche Existenz betrachten. Der «Große Weg» kann nur durch die Frage an sich selbst, an das sich wandelnde, bewegt lebende, eigene fundamentale Selbst erlangt werden. Für diejenigen, die sich auf solch eine Weise bemühen, hat Sōsan über den Ursprung des eigenen Selbst gesprochen und seine Rede *Shinjinmei* genannt.

> Der Große Weg an sich
> ist ruhig und weit –

Das, was mich als mich und dich als dich leben läßt, ist dieses Unbegrenzte, Unendliche. Das, was alles, sei es Organisches oder Unorganisches, all die verschiedenen Existenzen hervorbringt, wieder vergehen läßt und erneut hervorbringt, ist dieses fundamentale, unendliche Leben.

> Der Große Weg an sich
> ist ruhig und weit –

Wir selbst sind nicht so etwas Winziges und Begrenztes, wie wir es uns vorstellen. Unser Körper scheint eine Grenze zu anderen Menschen und Dingen zu sein, vermeintlich gibt es innen und außen – aber der Körper ist wirklich nur eine temporäre Gestalt, die erscheint und wieder vergeht. Das ihm zugrunde liegende Wesen jedoch ist sowohl zeitlich als auch räumlich ohne Grenzen und nichts, was anhand unserer Empfindung als schwer oder leicht kategorisiert und erörtert werden könnte.

Das Übereinstimmen mit diesem «Großen Weg», das Verwirklichen des eigenen Selbst, hat nichts mit Erwägungen wie schwer oder leicht zu tun. Zerstört den winzigen Rahmen eures Selbst, unterscheidet nicht anhand eurer angesammelten Kenntnisse und Erfahrungen gut und schlecht – zerstört diese Begrenzungen, und betrachtet alles nochmals von neuem. Nur auf diese Weise kann der jetzige Moment sowohl wie auch der nächste Moment wirklich schöpferisch gelebt werden.

Wollen wir nicht abhängig von Gewohnheiten und Imitationen leben, sondern wahrlich frisch und schöpferisch, dann müssen wir unsere Maßstäbe zerstören und alles von neuem betrachten. Dazu müßt ihr zum Ursprung, zum Leben an sich zurückkehren, zu dem ihr zwar die Beziehung nicht abbrechen, das ihr aber aus den Augen verlieren könnt.

Ursprünglich gibt es
weder schwierig noch leicht.

転　小
急　見
転　狐
遅　疑

Kleinliches Denken
führt zu Zweifel und Zaudern;
je mehr man eilt,
desto mehr bleibt man zurück.

Kleinliches Denken ist genau die Denkweise, die darauf gerichtet ist, das Ego immer mehr aufzublähen.
Diese Tendenz gab es natürlich schon immer, aber es
scheint, als ob sie heutzutage extrem ausgebildet sei.
Wissen, Erfahrungen und Können, Geld, materielle
Dinge oder Macht, je mehr man einerseits das Ego
durch solche Dinge vergrößert und aufbläht, desto
mehr fühlt man auf der anderen Seite in sich selbst
Nichtigkeit und Leere. Zweifel und Zaudern, von denen Sōsan hier spricht, sind genau diese Leere und
Angst.

Was euch ausfüllt, wenn es in euer Herz kommt –
und sei es auch nur ein einzelner Grashalm –, wenn ihr
versucht, es willentlich in euch aufzunehmen, wird es
sich entfernen. Es wird nur dann in euer Herz dringen,
wenn ihr ihm natürlich und ohne Geist begegnet. Ein
Grashalm oder der «Große Weg», der das ganze Universum in sich einschließt, sie sind das gleiche. Solange ihr versucht, durch das Ego irgend etwas zu ergreifen, wird nicht nur ein einzelner Grashalm, sondern
selbst der «höchste Weg» euch nicht erfüllen können.

Das gleiche gilt auch für das, was ihr als das Wun-
derbarste und Erfüllendste empfindet – für Liebe. Die
Liebe des Ego versucht, das Geliebte zum eigenen Be-
sitz zu machen; das ist nicht Liebe, sondern Ausbeu-
tung. Die Liebe eines Buddha ist ganz anders – angesichts dessen, was er liebt, vergeht er selbst. Erleuchtung ist die Liebe eines Buddha für alles Seiende.

Solange ihr das nicht versteht, wird sich nicht nur
der «höchste Weg», sondern auch alles Existierende
von euch entfernen.

> Seid ihr von eueren
> eigenen Gedanken gefesselt,
> dann rennt ihr umher
> wie ein verirrter Fuchs;
> je stärker das Gefühl des Suchens ist,
> desto weiter entfernt ist alles.

執之失度
必入邪路

Anhaften bedeutet,
die Angemessenheit zu verlieren
und auf falsche Wege
abzukommen.

放之自然
体無去住

Loslassen ist
Natürlichkeit,
Soheit ist
ohne Gehen und Bleiben.

Je mehr ihr über Wahrheit, über das wahre Selbst oder über Buddha nachsinnt, desto mehr wird das wirkliche Selbst, der wirkliche Buddha, oder, wie Sōsan hier sagt, «Angemessenheit» aus den Augen verloren.

Angemessenheit ist kein Maßstab, den man sich selbst passend zurechtgelegt hat, sondern ist das ursprüngliche freie Wirken des eigenen Selbst, ist die Harmonie des Universums. Es hört sich vielleicht paradox an, daß hier, nachdem die Notwendigkeit des Suchens nach dem wahren Selbst betont wurde, gesagt wird, daß es sich nur um so weiter entfernt, je mehr man danach sucht. In Wirklichkeit ist das nicht paradox. Der Grund, warum euch Wirklichkeit manchmal unverständlich erscheint, ist nur, weil ihr einer eigenartigen, willkürlichen Logik anhaftet.

Nach der Wahrheit suchen bedeutet nicht bewußt und vorsätzlich suchen, sondern es bedeutet, sich zu ergeben, sich zu überlassen. Wir leben abhängig vom «Großen Leben»; seid deshalb ruhigen Herzens und ergebt euch, vertraut euch diesem Leben an, glaubt ihm, habt Selbstvertrauen. Selbstvertrauen hat nichts damit zu tun, dem eigenen begrenzten Wissen und Urteilsvermögen zu glauben, sondern es bedeutet, sich dem «Großen Leben» in einem selbst anzuvertrauen. Nur das kann man wirkliches Selbstvertrauen nennen.

Loslassen ist
Natürlichkeit,

Wenn ihr das Nachsinnen und Mutmaßen aufgebt, dann erscheint der «Große Weg», Buddha oder das wahre Selbst ganz natürlich.

Soheit ist
ohne Gehen und Bleiben.

Das, was uns existieren läßt, das, was uns leben läßt, ist ohne Gehen und Bleiben, weil es sich überallhin erstreckt, weil alles davon erfüllt ist. Das Leben, das selbst das Universum übersteigend alles durchdringt, ist von nirgendwoher gekommen und kann nirgendwo hingehen. Der Gedanke, daß es irgendwohin gegangen sei, entsteht nur dann, wenn wir es aus den

Augen verloren haben, und in dem Moment, wo wir
seiner dann wieder gewahr werden, denken wir, es sei
von irgendwoher gekommen.

Je stärker ihr nachsinnt,
desto mehr verliert ihr
das Wahre aus den Augen
und kommt auf Nebenwege ab.

Wenn ihr eure eigenen
willkürlichen Gedanken verwerft
und euch dem Natürlichen überlaßt,
dann führt der Weg
nirgendwohin.

逍　任　Sich dem eigenen Wesen
遙　性　anzuvertrauen
絶　合　ist Vereinigung mit dem Weg,
悩　道　und die Sorgen werden zunichte,
　　　　als schlenderte man
　　　　unbekümmert einher.

Im *Avatamsaka-Sūtra* (jap. *Kegon-Kyō*), auf dem die
Lehren der Kegon-Schule beruhen und das im gesam-
ten Mahāyāna-Buddhismus hoch geschätzt und oft zitiert wird, steht im Mittelpunkt «die Lehre vom Sich-
Zeigen des Wesens» (jap. *shō ki no setsu*). Wesen oder,
in anderen Worten, ursprünglicher Geist wird in diesem Sūtra gleichgesetzt mit Leere. Leere nicht im Sinne eines nihilistischen Nichts, sondern als das alles
Umfassende und alles Gebärende.

Die Lehre vom Sich-Zeigen des Wesens betont, daß
sich die Leere als Erscheinung offenbart. Wesen und

Erscheinung sind eins. Das Wesen ist das Unbegrenzte, Absolute, weit und groß wie die Leere; die Erscheinungen sind das Begrenzte, jede für sich mit eigenen Charakteristika ausgestattet und bestimmten Bedingungen unterworfen. Diese Erscheinungen, die selbst Begrenzungen unterworfen sind, sind aus ihrem genauen Gegenteil, dem Unbegrenzten, Unbedingten, entstanden. Aus diesem Grund wird der Begriff «Wesen» nicht nur für das Absolute verwendet, sondern gleichzeitig auch für die aus dem Absoluten entstandenen Erscheinungen. Im *Mahāprajñāpāramitā-Hridaya-Sūtra* (jap. *Maka-Hannyaharamita Shingyō*) steht der berühmte Vers: «Leere ist Form, Form ist Leere.» Diese Leere und Form sind nichts anderes als das «Sich-Zeigen des Wesens» im *Kegon-Sūtra*.

Daraus wird vielleicht etwas verständlicher, warum es möglich ist, mit dem Weg, dem absoluten Wesen, eins zu werden, indem man dem eigenen Wesen nachgeht. Dies nicht nur als philosophisches Konzept zu begreifen, sondern es unmittelbar zu leben, ist Zen. Sich deshalb dem, was uns ursprünglich leben läßt, dem eigenen Wesen zu überlassen, genau das ist Vereinigung mit dem Weg – ist der Weg an sich. Wenn ihr das verwirklicht, dann könnt ihr das eigene Leben voll auskosten, und es ist so, als ginget ihr ruhig spazieren.

> So wie es ist,
> ist es das Wahre;
> ist man entspannt,
> dann sind auch Sorgen
> ein Geschmack des Lebens.

昏　繫
沈　念
不　乖
好　真

何　不
用　好
疏　勞
親　神

Wenn sich Gedanken fortsetzen,
widerspricht das der Wahrheit,
man versinkt in Dummheit
und ist unfrei.

Unfreiheit ermüdet den Geist;
wozu
über Entfernung und Nähe
nachdenken?

Wenn ihr irgendwo hängenbleibt, euch verstrickt und dann willkürlich bestimmt: «Dies ist der Weg» oder «Das ist Buddha», dann stellt ihr euch nur dem wahren Weg, dem wirklichen Buddha, entgegen. Euer Geist versinkt, und ihr verliert die eigene, ursprüngliche, erfüllte Lebensweise aus den Augen. Ein Leben ohne Erfülltheit, ohne Freude – das erschöpft den Geist.

Übereinstimmung mit dem Weg, Entfernung vom Weg – ist es notwendig, darüber nachzudenken? Das bedeutet nicht, daß ihr es getrost vergessen könnt und es nichts ausmacht, wenn ihr von den eigenen Begierden irregeführt werdet. Was hier gesagt wird, ist, daß man nicht über Entfernung und Nähe zum Weg nachzudenken braucht, wenn man damit vereint ist. Jemand, der seinem ursprünglichen Wesen entsprechend lebt, braucht nicht zu überlegen, ob er davon entfernt ist oder nicht. Wenn man wirklich glücklich ist, braucht man sich nicht zu überlegen, ob man glücklich ist oder nicht. Im selben Augenblick, in dem man anfängt, sich Gedanken darüber zu machen, ist man mit Sicherheit schon vom Glück entfernt. Nur wenn man sich verloren hatte im Eifer, sich vergessen hatte in dem, was man tat, kann man rückblickend sagen, daß das ein Moment des Glücks und der Zufriedenheit war.

Wenn der Geist
irgendwo hängenbleibt,
ist die Freiheit verloren;
das Wirken des eigenen,
ursprünglichen Wesens erlischt.

Warum macht ihr
aus dem Weg ein Problem?
Nur weil ihr Probleme erzeugt,
ruft ihr Übereinstimmung und
Nichtübereinstimmung
mit dem Weg hervor
und ermüdet euch.

勿 欲　Will man
悪 取　das Eine Fahrzeug erlangen,
六 一　darf man keinen Widerwillen gegen
塵 乗　die sechs Arten des Staubs hegen.

Dem Naturell und dem geistigen Vermögen des einzelnen Menschen entsprechend gibt es eine ihm gemä-
ße Übungsweise zur Erlangung der Buddhaschaft.
Das sind die sogenannten Drei Fahrzeuge. Das erste ist
das Fahrzeug der Hörer (Skrt. *Shrāvakayāna*), das
zweite ist das Fahrzeug der Einsam-Erwachten (Skrt.
Pratyekayāna) und das dritte ist das Fahrzeug der Erleuchtungswesen (Skrt. *Bodhisattvayāna*). Diese drei
Fahrzeuge sind jedoch nur Hilfsmittel, um zum Einen
Fahrzeug (Skrt. *Ekayāna*) zu gelangen. Dieses Eine
Fahrzeug ist die vom Mahāyāna-Buddhismus gelehr-

te, letzte Wahrheit an sich. Die Lehre des Einen Fahrzeugs wird besonders im *Lotos-Sūtra* (jap. *Hokke-kyō*) und im *Avatamsaka-Sūtra* (jap. *Kegon-kyō*) betont.

Wenn ihr dieses Eine Fahrzeug erlangen möchtet, wenn ihr den Zustand der tiefsten Erleuchtung erreichen wollt, oder, um es konkreter zu sagen, wenn ihr euer ganzes Leben ohne Bedauern, ohne Reue leben möchtet, dürft ihr keinen Widerwillen gegen die sechs Arten des Staubs hegen. Die sechs Arten des Staubs sind das, was uns umgibt, die Objekte unserer Wahrnehmung – das, was wir sehen, hören, riechen, schmecken, ertasten und denken. Wenn das eigene Wesen gegenüber diesen Objekten sein ursprüngliches, freies Wirken verliert und von einem dieser Objekte gefesselt wird, dann werden diese Objekte zu sogenanntem Staub oder Befleckungen.

Ursprünglich ist nichts von vornherein gut oder schlecht. Nur abhängig von der Art, wie wir den Dingen begegnen, entsteht Gutes oder Schlechtes. Wir brauchen die Dinge nicht in gut und schlecht zu kategorisieren und Auswahl zu treffen. Wenn man entsprechend der Kraft des ursprünglichen Lebens lebt und wirkt, dann wird alles, was man antrifft, als voller Geschmack des Lebens ausgekostet. Nicht die Lebensumstände zu wählen, sondern mit der jeweiligen Situation zu verschmelzen, keinen Widerwillen gegen die sechs Arten des Staubs zu hegen, gerade das kann der Zustand der wahren Erleuchtung, der Zustand des «Großen Weges» genannt werden. Der höchste Weg ist nicht schwer – das wirkliche Leben ist nicht schwer.

Wenn ihr
das wahre Leben leben wollt,
dürft ihr keine Abneigung
gegen das natürliche Wirken
der Menschen haben
und es Begierde nennen.

還　六
同　塵
正　不
覺　惡

Gegenüber den sechs Arten
des Staubs
keinen Widerwillen hegen,
gerade das ist gleich
der vollkommenen Erleuchtung.

Die sechs Arten des Staubs sind die Formen und Farben, die wir mit unseren Augen wahrnehmen, die Tö-
ne, die wir mit unseren Ohren hören, der Geruch, den
wir mit unserer Nase riechen, der Geschmack, den wir
auf unserer Zunge schmecken, das, was wir auf unserer Haut fühlen, und die Dinge, die in unserem Bewußtsein Gedanken entstehen lassen. Kurz gesagt, die
Objekte unserer Sinne und unseres Bewußtseins werden sechs Arten des Staubs genannt, weil wir von ihnen eingenommen werden und sie somit zu Staub machen, der unseren Geist bedeckt. In Wirklichkeit je-

doch sind diese Objekte weder Staub, noch besitzt unser Geist ein Wirken, das sie zu Staub oder Befleckungen machen würde. Sie werden nur deshalb zu Staub, weil die Menschen der Kraft, die sie ursprünglich besitzen, nicht vertrauen.

Im Buddhismus sprechen wir von den fünf Aggregaten (Skrt. *Skandha*), Körperlichkeit, Empfindung, Wahrnehmung, psychische Formkräfte und Bewußtsein als den fünf daseinskonstituierenden Elementen. Körperlichkeit wird der Materie zugeteilt, die anderen vier dem geistigen Wirken. Bis jetzt habe ich die sechs Arten des Staubs vor allem als Reaktion auf das, was wir durch unsere Sinne wahrnehmen, bezeichnet, aber es ist nicht nur so, daß wir wie ein Spiegel lediglich das reflektieren, was vor unseren Augen auftaucht, sondern wir produzieren auch dann, wenn es nichts gibt, was widergespiegelt werden könnte, verschiedene Dinge in uns selbst.

Empfindung und Wahrnehmung sind Reaktionen auf Dinge, die wir von außen in uns aufnehmen, psychische Formkräfte dagegen sind die von innen wirkenden, sogenannten «blinden Triebe». Blinde Triebe sind nicht nur unsere Bedürfnisse nach Essen, Schlaf, Sex und so weiter, sondern es sind zum Beispiel auch Wertungen, die wir vornehmen. Wenn wir Dinge vergleichen und Vor- und Nachteil, gut und schlecht bestimmen – kurz gesagt, unsere geistigen Aktivitäten wie Willensanstrengung, Aufmerksamkeit und Urteilskraft sind blinde Triebe. Sie alle sind nicht trennbar von unserer Körperlichkeit, sondern gehen Hand in Hand mit ihr.

Ist es nun aber nicht so, daß wir mehr oder weniger unbewußt den Körper auf eine ziemlich niedrige Stufe stellen, Geist jedoch auf eine sehr hohe. Das bedeutet, daß wir eine Trennung zwischen Körper und Geist vornehmen und denjenigen, der diese blinden Triebe nicht mehr durch den Körper manifestiert, sondern sie im Gegenteil willentlich unterdrückt, besonders hoch schätzen. Deshalb wird von einem hochstehenden Priester oder einer spirituell hochstehenden Person erwartet, daß er oder sie ein besonders enthaltsamer Mensch ist und die natürlichen Triebe seines Körpers vollkommen unterdrückt. Nicht nur im Buddhismus, in all den verschiedenen Religionen der Welt kann man eine Stimmung vorfinden, in der ein «asketisches» Leben sehr hoch eingestuft und geschätzt wird.

Ohne Zweifel ist ein klares und einfaches Leben etwas sehr Schönes, aber wenn die Anhänger von Askese das Wirken und die Kraft des Leibes unterdrücken und sie nicht nur bei sich selbst, sondern generell auch bei anderen Menschen als etwas Unreines und Schmutziges verleumden und schmähen, dann ist dies bestimmt ein großer Fehler. Ist unser Körper denn wirklich etwas, was wir so sehr verachten müssen? Und sind unsere geistigen Aktivitäten etwas, was wir so ungeheuer hoch achten müssen? Müssen wir überhaupt eine Trennung zwischen den beiden vornehmen und das eine als überlegen und das andere als minderwertig einstufen?

Sagt man zum Beispiel, daß wir früher Steine oder fließende Lava waren, dann gibt es sicher einige Menschen, die das überrascht und schockiert. Selbst in den Naturwissenschaften hat sich der Gedanke, daß das Leben von irgendwoher aus dem All auf die Erde gekommen ist, noch nicht vollständig verloren, wenn sich auch weitgehend die Grundanschauung durchgesetzt hat, daß sich die Basis dessen, was wir organisches Leben nennen, abhängig von entsprechenden Bedingungen aus dem sogenannten Unorganischen entwickelt hat – eine Entwicklung, die zur Existenz der Lebewesen und heutigen Form des Menschen führte. Diese Entwicklung begann nicht erst mit der Entstehung der Erde, sondern war bereits lange vorher in Gang. Ist es dann aber nicht natürlich und selbstverständlich, daß das, was wir jetzt als Körper und Geist unterscheiden, schon zu einem Zeitpunkt *war*, als es noch Staub im Weltall war. Man kann sagen, daß es sich zu diesem Zeitpunkt in einem Zustand des Schlafes befand – aber das, was zu einer bestimmten Zeit leblos und unveränderlich erscheint, trägt in sich das Große Leben an sich, den fortwährenden Wandel.

Wenn ihr das versteht, dann werdet ihr auch verstehen, daß unser Körper unendliche Erfahrungen und unendliche Zeit durchlebt hat. Im Prozeß dieser Entwicklung gab es absolut keine «Wahl», gab es keine Trennung zwischen schwierig und leicht, man kann sie nur als das äußerst natürliche Wirken des «Lebens» bezeichnen. In unserem Körper wohnt seit unendlich langer Zeit – von der Zeit an, da er sich noch im Zustand von kosmischem Staub befand, bis zum heutigen Tag – eine Weisheit, die auf einem unbegrenzten Erfahrungsschatz beruht. Diese Weisheit wird im Buddhismus «Große Weisheit» (jap. *Makahannya*) genannt und ist das, was uns allen eingeboren ist und mit dem alles von Anfang an ausgerüstet ist. Das, was ohne unser Zutun, ohne daß wir darüber nachdenken müßten, natürlich wirkt, sich als Erscheinung offenbart und sich fortpflanzt, nennen wir organisches Leben.

Aber laßt mich hinzufügen: Die Kraft, die, unser eigenes Selbst transzendierend, sich selbst bewahrt, das, was unsere eigene Individualität bewahrend, gleichzeitig verblüffend und überraschend im Wandel zum Vorschein kommt – das möchte ich «Leben» nennen. Zum Beispiel ist wahre, lebendige Tradition nicht lediglich eine überlieferte Form, sondern ist das Wirken der Kraft, die, während sie sich innerhalb eines gegebenen Rahmens befindet, diesen Rahmen zu überschreiten sucht. Diese Kraft, das Leben, ist so beschaffen, daß sie sich, während sie innerhalb eines bestimmten Rahmens von ganz bestimmten Bräuchen, einer besonderen Geschichte und verschiedenen Ausdrucksweisen wirkt, gleichzeitig versucht, gerade diesen Rahmen zu überschreiten. Die Kraft, die Zen oder Buddhismus genannt werden kann, ist die Kraft, die in allem von Anfang an vorhanden ist. Abhängig von dieser Kraft entsteht aus «Leblosem» Lebendiges. Das seit unendlich langer Zeit sich fortwährend wandelnde Wirken des Lebens ist Weisheit, eine sehr ausgereifte Weisheit.

Wenn ein physischer Körper geboren wird, dann wird er von Eltern mit einer zwanzig- oder dreißigjährigen Weisheit erzogen, einer Weisheit, die von der menschlichen Gesellschaft künstlich erzeugt wurde. Im natürlichen Zustand schläft, ißt und bewegt sich ein Baby in einer Versunkenheit, die das Wirken der Großen Weisheit ist. Aber durch die Befehle, die die Eltern ihm geben – jetzt ist Zeit zum Milchtrinken, jetzt ist Zeit zum Schlafen, nun ist es Zeit für etwas Bewegung –, wird die ursprüngliche Weisheit in dem

Kind gehemmt und gestört, Verwirrung entsteht, und dann gibt es oft einen Kurzschluß. Aufgewachsen im Zustand einer solchen sich fortsetzenden Verwirrung, kommen Menschen dann oft zu der Überzeugung, daß nicht die Weisheit, mit der sie ursprünglich ausgerüstet sind, das Wirken des eigenen Körpers ist, sondern unsoziale Wünsche und selbstzerstörerisches Verlangen. In Wirklichkeit jedoch ist dies kein Verlangen, das durch den Körper entsteht, sondern Verlangen, das aus begrifflichem Denken entspringt.

Weil Menschen kein Vertrauen in ihren Körper haben, gibt es Asketen, die im falschen Sinne asketisch sind. Sie verachten nicht nur den Leib, sondern schätzen darüber hinaus auch ihre Psyche nicht, denn das, was sie als Psyche im Gegensatz zum Leib definieren, ist nichts anderes als das Bewußtsein, um dessen Grenzen sie instinktiv wissen. Aber wenn Menschen sich selbst weder in körperlicher noch in geistiger Hinsicht vertrauen können, auf was sollen sie dann überhaupt noch vertrauen? Sie suchen deshalb außerhalb von sich selbst nach einem Erlöser, einem Gott, einem Buddha.

Die Wahrheit unser selbst liegt nicht in dem, was unser Verstand als Körper und Geist unterscheidet. Das, was Buddha-Wesen oder ursprünglicher Geist genannt wird, ist etwas, das nicht in Leib und Psyche aufgeteilt werden kann. Es ist vielmehr die unendliche Weisheit, das unendliche Leben an sich. Diese Weisheit erscheint nur «Hier und in diesem Augenblick» und ausschließlich in der Harmonie mit allen Dingen, im Verschmelzen mit jedem einzelnen Moment. Das Wirken der Weisheit ist eine «unterbrochene Fortsetzung» solcher Augenblicke.

Gegenüber den sechs Arten
des Staubs
keinen Widerwillen hegen,

Es ist nicht gerechtfertigt, die Weisheit, die selbst in einem Stein oder im kosmischen Staub vorhanden ist, Begierde zu nennen, wenn sie in einem fleischlichen Körper wirkt, und fälschlicherweise anzunehmen, daß religiöse Übung in ihrer Unterdrückung bestünde. Die sechs Arten des Staubs sind das ursprüngliche Wirken des Geistes, und Sōsan sagt uns, daß wir ihnen vertrauen sollen. Menschen, die ihren Körper und ihre geistigen Aktivitäten für etwas Unreines halten und die mit dem Verstand nach einem Erlöser, einem Gott oder Buddha suchen, werden ihn, selbst wenn er vor ihren Augen auftaucht, nicht erkennen, weil sie in der Ferne suchen. Sie bemerken nicht den Erlöser des «Hier und Jetzt», sondern sehen nur Vergangenheit und Zukunft.

Obwohl der Erlöser in jedem Augenblick in ihnen selbst wirkt, können die meisten Menschen seiner nicht teilhaftig werden, weil sie keine Anstrengungen unternehmen, ihn zu erkennen. Das war in der langen Geschichte der Menschheit so und wird vielleicht auch in Zukunft so sein. Deshalb sind die Menschen dauernd unzufrieden und auf der Suche. Aber woher kommt dieses unbefriedigte Verlangen, dieser dauernde Hunger? Entstehen sie nicht daraus, daß man die Dinge nur halbherzig macht, daß man das, was einem begegnet, nicht direkt und frontal aufnimmt, daß in allem, was man tut, ein Rest von Bedauern, etwas Unerfülltes zurückbleibt? Entscheidend ist nicht, wie viele Dinge man macht, sondern die Intensität, mit der man etwas tut. Das Entscheidende ist, ob etwas direkt und ohne Zwischenraum zwischen einem selbst und anderem empfangen wird.

Der höchste Weg
ist nicht schwierig,
nur ohne Wahl.

Ohne Wahl, das heißt ohne ein Ego, das Unterscheidungen und Trennungen zwischen sich selbst und anderen vornimmt, das das eine bevorzugt und das andere ignoriert. Es bedeutet Nicht-Geist, klare, vollkommene Aufmerksamkeit, mit der alles ohne Vorlieben und Abneigungen empfangen wird – ohne den eigenen Willen anzustrengen. Nur dann wird das unbefriedigte Verlangen, der dauernde Hunger vergehen.

Verschwenderische Menschen sind zum Beispiel diejenigen, die, befangen in den eigenen Vorstellungen, nicht in der Lage sind, tatsächlich zu erkennen, was ist, sondern die in der Pseudorealität ihrer eigenen Gedanken leben. Sie wissen nicht, was Erfülltheit bedeutet, und rennen deshalb fortwährend verschiedenen Dingen nach, die sie, selbst wenn sie sie erreichen, nicht einmal vollkommen ausschöpfen können und deshalb gleich nach dem nächsten verlangen. Im Zen wird deshalb wieder und wieder die Wichtigkeit von «Hier und Jetzt» betont. Die Erfülltheit des «Hier und Jetzt an diesem Ort», das Wirken unserer ursprünglichen Weisheit, die nichts mit diskursivem Denken zu tun hat, die nicht trennt zwischen Leib und Geist, sondern alles in seiner Soheit erkennt.

Ich sage nicht, daß ihr aufhören sollt zu denken, sondern daß ihr aufhören sollt, in einem Zustand der

Verwirrung, in einem Zustand, in dem das eigene kleine Ich im Mittelpunkt steht, über Dinge nachzudenken. Weil ihr versucht, eure Unerfülltheit innerhalb eines Geisteszustandes der Verwicklung und Verwirrung zu befriedigen, läuft das immer darauf hinaus, daß es etwas gibt, was ihr bevorzugt, und etwas, was ihr zunichte machen wollt. Wenn jedoch keinerlei Widerwillen gegen die sechs Arten des Staubs besteht – wenn überhaupt nichts abgelehnt wird und es auch nichts gibt, was man erreichen möchte –, wenn die Soheit der eigenen Existenz mit der Soheit alles Seienden verschmilzt, dann ist das vollkommene Erleuchtung.

Meister Hyakujō Ekai (chin. Pai-chang Huai-hai, 720–814), von dem auch die berühmten Worte «Ein Tag ohne Arbeit ist ein Tag ohne Essen» stammen, wurde einmal von einem Mönch gefragt: «Was gibt es Außerordentliches?» Hyakujō antwortete: «Hier allein auf dem Gipfel des Dai-Yūhō-Berges (chin. Ta Hsiung) zu sitzen.»

Hier und Jetzt, in diesem Moment, sitzt ihr auf dem Gipfel des Dai-Yūhō-Berges. Ob reich oder arm, freundlich oder ärgerlich – dort, wo du jetzt bist, sitzt diese Gestalt, so wie sie jetzt ist, auf dem Gipfel des Dai Yūhō. Wenn ihr das, was euch jetzt gegeben ist, so wie es ist, ohne etwas ändern zu wollen, ohne zu kritisieren in euch aufnehmen könnt und davon ausgefüllt seid, dann hört die Verwirrung mit einemmal auf. Deshalb sagt Meister Sōsan: «Hege keinen Widerwillen gegen die sechs Arten des Staubs.» In anderen Worten – vertraue der Weisheit, die hier und jetzt in der Harmonie mit den Dingen erstrahlt!

Das natürliche Handeln
der Menschen,
wenn keine Abneigung
dagegen besteht –
gerade das ist wahre Erleuchtung.

Natürliches Handeln, das Wirken des «natürlichen» Geistes, das physische und psychische Wirken des Lebens an sich, darf nicht mit gewohnheitsmäßigem Handeln verwechselt werden. Ihr haltet eure Gewohnheiten oft für ein natürliches Wirken und vergeßt, daß es sich dabei um etwas handelt, was erst zustande kam, nachdem ihr geboren wurdet. Eine Gewohnheit ist nur ein paar Jahrzehnte alt, das ursprüngliche Leben jedoch befindet sich seit unendlich langer Zeit in Harmonie mit allem anderen und transzendiert und erneuert sich stets.

Das, worauf unsere Gewohnheiten basieren, ist nur ein paar Jahre alt, und schon neigen wir dazu, sie mit Natürlichkeit zu verwechseln. Wenn ihr glaubt, euer Handeln sei natürlich, nur weil ihr nirgends auf Widerstand stoßt, so ist dies nicht unbedingt zutreffend. Besonders in einer Gesellschaft, in der Dinge wie Subjektivität, Individualität oder persönliche Freiheit sehr wichtig genommen werden, ist es um so notwendiger zu ergründen, was wirkliche Subjektivität, wahre Individualität und Freiheit eigentlich sind. Ihr dürft euch auf keinen Fall von den Gewohnheiten, die in ein paar Jahrzehnten in einer begrenzten Gesellschaft gebildet wurden, fesseln lassen und sie mit dem seit unendlicher Zeit natürlich wirkenden Leben verwechseln.

Die meisten Menschen wissen unbewußt um diese Verwirrung und fühlen deshalb, während sie einerseits die Absicht haben, natürlich und frei zu leben, eine gewisse Angst und Unruhe. In den Worten «Gegenüber den sechs Arten des Staubs keinen Widerwillen hegen» liegt deshalb eine Gefahr; es ist wie ein Balanceakt auf Messers Schneide. Lest und versteht deshalb diesen Vers nicht leichtfertig und oberflächlich, denn Eigensinn ist etwas ganz anderes als Natürlichkeit.

> Das Selbst,
> geboren im unendlichen Leben –
> wenn es entfaltet wird,
> ist das der höchste Weg.

智者無為　愚人自縛

Der Weise tut nicht,
ein Dummkopf fesselt sich selbst.

Das Nicht-Tun eines Weisen ist nicht einfach nur ein Nichts-Tun; es ist vielmehr seine Weise, ganz natürlich dem zu entsprechen und zu folgen, was ihn umgibt. Das Gegenteil von Nicht-Tun ist der Versuch, dem, was man sich mit seinem kleinen begrenzten Verstand ausgemalt hat, zu entsprechen und es verwirklichen zu wollen. Keine Pläne zu schmieden, keinen Entwurf zu zeichnen, keine Absicht und kein Ziel zu haben, das man unter allen Umständen erreichen will – das ist Nicht-Tun.

Der höchste Weg
ist nicht schwierig,
nur ohne Wahl.

Eine Absicht, die erzeugt wird, ein Ziel, das errichtet
wird – solche Dinge befinden sich immer außerhalb
von uns selbst, und wollen wir sie erreichen, treten
ganz bestimmt Dinge auf, die entweder leicht oder
schwierig sind. Aber das Hier und Jetzt verwirklichen
– da gibt es keine Entfernung, keinen Weg. Das, was
man bereits besitzt, so, wie es ist, auszukosten – da
gibt es keine Distanz, da gibt es weder leicht noch
schwierig. Wenn ihr jedoch die Geist-Verfassung des
Annehmens des «Hier und Jetzt» aus den Augen verloren habt, dann versteht ihr nicht einmal, wenn das,
was ihr selbst als Ziel festgelegt habt, vor euren Augen
auftaucht, weil ihr ausschließlich von dem Gedanken
an euer Ziel gefesselt und in Anspruch genommen
seid.

Jemand, der
zur ursprünglichen Wahrheit
erwacht ist,
ist natürlich;
ein Dummkopf erzeugt etwas
und fesselt sich selbst.

法無異法
妄自愛著

Im Dharma gibt es
keine Unterschiede;
willkürlich haftet man selbst
an den Dingen.

Im Buddhismus wird der Begriff *Dharma* sowohl im Sinne von «ursprüngliche Wahrheit» als auch in der Bedeutung von «Erscheinung» verwendet, da die ursprüngliche formlose Wahrheit (Leere) sich durch die Erscheinungen manifestiert.

> Im Dharma gibt es
> keine Unterschiede;

Wenn ihr aus den Augen verloren habt, daß die Erscheinungen mit ihren verschiedenen Formen, Farben und Eigenschaften jeweils eine Offenbarung der ursprünglichen Wahrheit, der Einen Leere sind, dann prägt euch diese Zeile gut ein. Das Wahre ist «Hier und Jetzt» bereits vollkommen in uns selbst vorhanden – außer dem gibt es nichts.

> willkürlich haftet man selbst
> an den Dingen.

Haften erzeugt notwendigerweise ein Ablehnen – beides bedingt sich gegenseitig. Ohne das eine, könnte das andere nicht existieren. Und das, was zwischen diesen beiden steht, ist unser Geist, der Unterscheidungen vornimmt, der uns anhält, Teile aus dem Ganzen herauszupicken, zu wählen und eine Entscheidung entweder für das eine oder das andere zu treffen. Aufgrund dieser eigenmächtigen Urteile haftet ihr an diesem und lehnt jenes ab, seid ewig unzufrieden und wartet auf eine Erlösung. Und obwohl es nicht so ist, als ob es keine Erlösung gäbe, werdet ihr ihrer doch nicht teilhaftig, weil ihr sie ignoriert, während ihr auf sie wartet.

> In allen Erscheinungen
> gibt es nichts Besonderes –
> eigenmächtig trifft man
> Unterscheidungen und haftet an.

将
心
用
心

豈
非
大
錯

Mit dem Geist
den Geist anzuwenden –
ist das nicht
ein großer Fehler?

Das Wort «Geist» hat wie die Begriffe «Wesen» oder «Dharma» verschiedene Bedeutungsebenen. Eine ist die der grundlegenden Wahrheit an sich, die zweite weist auf das Wirken hin, das diese Wahrheit zum Ausdruck bringt. Aber auch die mentale Tätigkeit, die auf einem Ego beruht, welches diesen frei wirkenden Geist aus den Augen verloren hat und gemäß einem verhärteten Klumpen von Erfahrungen und Kenntnissen handelt und denkt, wird Geist genannt. Solch ein Geist, der die Grundlage für Liebe und Abneigung ist, wird in der ersten Zeile dieses Verses angesprochen.

«Buddha-Geist», ein Begriff, der sich als Abgrenzung gegen diesen «Ego-Geist» gebildet hat, bedeutet deshalb nicht ein «guter» Geist oder ein «richtiger» Geist im Sinne der Unterscheidungen von Gut und Schlecht, Richtig und Falsch, die wir erschaffen haben, sondern meint das angemessene Wirken der ursprünglichen Wahrheit in allem, was existiert. Von diesem «Buddha-Geist» ist in der zweiten Zeile die Rede. Was bedeutet es also, mit dem (Ego-)Geist den (Buddha-) Geist anzuwenden?

Es bedeutet, daß wir den natürlichen, ursprünglichen Geist durch willkürliche Gedanken in Verwirrung bringen. Die Patriarchen nannten diese Verwirrung *Mumyō* (jap. für Nicht-Wissen oder Nicht-Erkenntnis, Verblendung). Denkt deshalb nicht, daß ihr durch eine Übung, die auf Willensanstrengung beruht, also durch die Anwendung des Ego-Geistes, den Buddha-Geist verwirklichen und zur Erleuchtung gelangen könntet.

> Mit willkürlichen Gedanken wird der
> ursprüngliche Geist verbogen;
> daß dies zu einem großen Irrtum führt
> ist selbstverständlich.

悟　迷
無　生
好　寂
悪　乱

Irrtum erzeugt
Ruhe und Chaos;
Erleuchtung ist ohne
Zuneigung und Abneigung.

浪　一
自　切
斟　二
酌　辺

Alle dualistischen Anschauungen
beruhen auf willkürlichen
eigenen Erwägungen.

Laut sein, wenn Zeit ist, laut zu sein, ruhig sein in
Zeiten der Ruhe – wir brauchen keine Unterscheidungen zu treffen und Urteile zu fällen, so wenig, wie es
nötig ist, den ganzen Kopf abzuhacken, nur weil es
müßig ist, sich Vernünfteleien auszudenken. Bei der
Arbeit die Arbeit, im Spiel das Spiel direkt und vollständig zu durchdringen, darin liegt das wunderbare
Wirken der Weisheit. Ruhe und Chaos – das heißt
nichts anderes, als das eigene Wesen aus den Augen zu
verlieren.

Erleuchtung ist ohne
Zuneigung und Abneigung.

Zuneigung gehört, genauso wie Abneigung, zum
Ego, das sich selbst in den Mittelpunkt stellt und davon ausgehend Trennungen vornimmt und urteilt.
Aber Erleuchtung ist Nicht-Geist, das heißt, daß man
selbst nicht vorhanden ist und mit dem ganzen Universum verschmilzt, ohne Ausnahmen, ohne ein Bevorzugen oder Zurückweisen. Das direkte und sofor-
tige Verschmelzen mit dem «Hier und Jetzt» – das ist
ein Glück, das keine Ursachen hat und das von nie-
mandem zunichte gemacht werden kann. Wenn ihr
das verstehen wollt, müßt ihr aufhören, Ansichten zu
hegen, die sich im Bezugsrahmen von Gegensätzen
befinden.

Alle dualistischen Anschauungen
beruhen auf willkürlichen
eigenen Erwägungen.

Alles, was durch Form in Erscheinung tritt, aber auch
Handlungen, Worte und Gedanken, alles hat zwei Seiten – groß oder klein, kurz oder lang, weit oder eng,
Liebe oder Haß. Aber es ist nicht diese Tatsache, die
Sōsan meint, wenn er von «Wahl» spricht.
　Wenn zum Beispiel ein Hund sich den Magen ver-
dorben hat, dann frißt er anstelle seines gewöhnlichen
Futters Gras. Zusammen mit dem Gras erbricht er
dann den verdorbenen Mageninhalt. Auch Kinder essen, wenn sie krank sind, bestimmte Dinge nicht
mehr. Ärztliche Untersuchungen haben ergeben, daß
die Kinder genau die Nahrungsmittel zurückwiesen,

die Stoffe enthielten, welche für das Kind zu dieser Zeit schädlich waren.

Hunde und Kinder bewerkstelligen dieses angemessene Verhalten nicht mit einem unterscheidenden Geist – sie stellen keine Richtlinien auf, nach denen sie sich dann verhalten. Es gibt Dinge, die sie ganz natürlich in gesundem Zustand essen, und solche, die sie nicht essen, und genauso natürlich bevorzugen sie gewisse Nahrungsmittel oder lehnen sie ab, wenn sie krank sind. Es ist nicht dieser natürliche Vorgang, den Sōsan «Wahl» nennt.

Im Leben der Menschen, in ihren Handlungen, Worten und Gedanken, gibt es von Moment zu Moment entweder rechts oder links, Liebe oder Abneigung, Yin oder Yang – beides kann nicht gleichzeitig existieren. Aber nur wenn der jeweilige Zustand nicht bewertet wird, ist die jeweilige Handlung, das jeweilige Wort oder der momentane Gedanke nicht dualistisch, sondern absolut.

Es gibt die Zeit, zu der eine Rose in Blüte steht, eine Zeit, zu der nur ihr grünes Blattwerk leuchtet, und die Zeit, wo sie verblüht ist. Dem jeweiligen Zustand einen Wert beizumessen ist eine Angewohnheit der Menschen – die Rose aber drückt ihre jeweilige Realität immer und an jedem Ort vollkommen aus; dies bezeichnet Sōsan als «ohne Liebe und ohne Haß» oder als «ohne Wahl».

> Verliert ihr den natürlichen Geist
> aus den Augen,
> dann werden Ruhe und Bewegung
> zum Problem;
> doch wenn ihr erkennt,

dann gibt es nichts zu bevorzugen oder zu ignorieren.

Alle dualistischen Werte entspringen aus euren selbst und eigenmächtig erzeugten Maßstäben.

夢幻虛華　得失是非

何劳把捉　一時放却

Ein flüchtiger Traum,
ein Augenflimmern –
warum sich erschöpfen
in dem Versuch
diese zu erfassen.

Erlangen, verlieren,
richtig, falsch –
laßt all das
mit einemmal fahren.

Die ursprüngliche Wahrheit offenbart sich von Moment zu Moment in einer Realität, die jedoch im gleichen Moment, da sie erscheint, schon wieder vergeht, ohne irgendwelche Spuren zu hinterlassen – wie ein Traum. Warum sollte man sich vergeblich abmühen, ihn zu erfassen? Erscheinungen, Übung, Erleuchtung – das sind sich bewegende Wellen. Versucht ihr, die Welle eines Augenblicks festzuhalten und sie im Geist zu fixieren, dann wird gerade diese Welle zu einem Gefängnis, und es wird euch niemals gelingen, die Welle der Wahrheit zu erblicken. Könnt ihr zum Beispiel die Form von Liebe bestimmen und festlegen? Obwohl Liebe an sich eins ist, sind die Formen, in denen sie sich äußert, ein kaleidoskopischer Wechsel. Wenn ihr deshalb versucht, eine feste Form der Liebe zu ergreifen und zu bewahren, dann ist genau dies ihr Tod.

> Erlangen, verlieren,
> richtig, falsch –
> laßt all das
> mit einemmal fahren.

Erwägungen, ob man selbst erleuchtet ist oder nicht, ob Erlösung auftaucht oder nicht, ob man selbst glücklich ist oder nicht, sind nutzlos. Wichtig ist nur, den jetzigen Moment, das «Hier und Jetzt», in seiner Soheit anzunehmen.

Das Gedicht des Patriarchen Sōsan ist wirklich wunderbar. Ich bezeichne es als wunderbar, aber bleibt ihr nicht einfach dabei stehen, sondern versucht selbst, den Sinn gründlich zu durchdringen, und richtet euer Augenmerk besonders auf das «Hier und Jetzt», die Grundlage der Zen-Übung. Denn nur wenn ihr das «Hier und Jetzt», an diesem Ort und sofort, verwirklicht, steht ihr der Erlösung unmittelbar gegenüber; an anderen Orten und zu anderer Zeit gibt es keine Erlösung und kein Glück. Laßt deshalb alle Verwirrung und Verblendung sofort und mit einemmal los.

Wie schon mehrmals betont, nützt es überhaupt nichts, die Übung mit Willensanstrengung zu betreiben. Willensanstrengung ist das Einteilen und Beurteilen nach gut und schlecht, richtig und falsch, anhand von Erfahrungen und Kenntnissen. Das Schlechte aus-

löschen wollen und das Gute verwirklichen wollen –
solch eine Übungsweise lehnt Sōsan ab, denn wenn
man willentlich etwas erlangt oder zunichte macht,
dann wird dabei immer etwas übrigbleiben, was noch
nicht erreicht oder vernichtet wurde, und das selbst
ausgedachte Ziel bleibt ewig unerreicht. Übung hat
nichts mit Willenskraft zu tun!

> laßt all das
> mit einemmal fahren.

– nicht etwa durch den Willen, sondern durch das natürliche Sein im «Hier und Jetzt». Es genügt vollkommen, wenn ihr nur in diesem Augenblick vollkommen
natürlich seid.

> Wie ein Traum,
> wie ein Trugbild –
> warum quält ihr euch
> in dem Versuch, sie zu erfassen.

> Verwerft nur
> den eigenen willkürlichen Maßstab
> mit einemmal.

諸　眼　Wenn das Auge nicht schläft,
夢　若　vergehen die verschiedenen Träume
自　不　von selbst.
除　睡

Auf den ersten Blick scheint hier die Rede von dem
Traum zu sein, den wir nachts im Schlaf haben. Aber
es sind nicht die Träume, die wir im Schlaf mit ge-
schlossenen Augen sehen, die uns all unsere verschiedenen Probleme und Schwierigkeiten bereiten. Was
uns wirklich zu schaffen macht ist der Traum, den wir
im «normalen» Wachbewußtsein mit geöffneten Augen sehen. Es gibt einen bekannten Ausspruch von
Omiya Shōzō über die Ehe: «Sie fängt mit einem wunderbaren Mißverständnis an und führt zu einem fürch-
terlichen Verstehen.»

Gleich, ob es sich um eine Liebesheirat oder um eine arrangierte Heirat handelt, die meisten Menschen hegen dabei einen Traum. Dieser Traum ist, wenn man genau hinschaut, meistens die Projektion der eigenen Interessen und Anliegen. Deshalb taucht in vielen Fällen eine Weile nach der Heirat – sobald die Flitterwochen vorbei sind – ein fürchterliches Verstehen auf. Wenn es sich um zwei Menschen handelt, die dabei nicht aufgeben, sondern es überschreiten können, wird ein Zusammenleben möglich, das jenseits ist von wunderbarem Mißverständnis und fürchterlichem Verstehen – ein friedliches und zärtliches Leben der gegenseitigen Anteilnahme. Das passiert natürlich nicht nur zwischen zwei Menschen, sondern genauso in der Übung, ja überall im Alltagsleben.

Besonders in jungen Jahren tendieren viele Menschen dazu, zuallererst eine Vorstellung von dem, was sie ab jetzt tun oder erreichen wollen, oder von der Art, wie sie denken und fühlen wollen, aufzubauen. Das ist, als ob ein Spiegel die Dinge vor ihm nicht in ihrer Soheit widerspiegelt, sondern als ob man zuerst das Bild, das man gern sehen möchte, auf die eigene Spiegelfläche malt und dies dann für die Realität hält. Für kurze Zeit kann man an solch einem Bild festhalten; manchmal ist es ein «wunderbares» Mißverständnis, manchmal aber auch eines, das nicht so wunderbar ist – Gedanken wie «Menschen kann man sowieso nicht vertrauen» oder «Im Leben gibt es keine Hoffnung» und so weiter. Über kurz oder lang jedoch taucht die Realität, ob man will oder nicht, im eigenen Spiegel auf.

Das ist unumgänglich, weil das, was in uns existiert, ursprünglich keine Leinwand ist, auf die man malen kann, was man will, sondern eher ein Spiegel – ein Spiegel ohne Glas, das zerbrechen kann. Dies wird Buddha-Wesen genannt. Leider neigen Menschen dazu, im gleichen Moment, wo die jeweilige Realität im Spiegel reflektiert wird, als Reaktion darauf diese widergespiegelte Wahrheit in einen Schleier zu hüllen. Diejenigen, die bis jetzt in einem wunderbaren Mißverständnis befangen waren, greifen zu einem Schleier des Miserablen, und diejenigen, die bis jetzt innerhalb negativer Vorstellungen lebten, hängen der Realität oft einen rosaroten Schleier um. Während wir alle mit dem Buddha-Wesen ausgerüstet sind, das die Realität in ihrer Soheit reflektiert, behängen wir diese Realität entweder mit einem Schleier des Wunderbaren oder des Miserablen. Diesen Schleier nennt Sōsan Traum oder Wahl, oder Liebe und Haß.

Ein Zen-Meister ist jemand, der dem Schüler diesen Schleier entreißt, und die vortrefflichsten Meister waren immer diejenigen, die den Traum des Schülers vollkommen zerschlagen konnten. Aber es gibt eben auch Menschen, die nicht einmal merken, wenn ihnen ihr Traum in Stücke geschlagen wird, und die deswegen sagen, diese Zen-Dialoge seien etwas Unverständliches. Außerdem gibt es Fälle, in denen ein Meister zwar den Traum des Schülers zerschlagen möchte, der Schüler jedoch noch nicht in der dafür notwendigen Verfassung ist.

Einmal wurde Meister Baso (chin. Ma-tsu Tao-i, 709–788) gefragt: «Wer ist es, der die Zehntausend Erscheinungen überschreitet?» Baso antwortete: «Wenn du das Wasser des Seiko-Flusses mit einem Schluck ausgetrunken hast, werde ich dir antworten.» Meister Baso sagt, daß er dem Frager Antwort geben will, sobald er das Meer seiner Verwirrungen und Verblendungen erschöpft hat, wohlwissend, daß dann keine Notwendigkeit mehr besteht für eine Antwort, weil der andere es klar selbst erkennen wird in dem Augenblick, wo der Schleier nicht mehr vorhanden ist.

Wenn das Auge nicht schläft,

Mit unseren physischen Augen betrachten wir alles stets innerhalb von Gegensätzen, immer zwischen uns selbst und anderen unterscheidend. Wenn wir versuchen, innerhalb dieser Gegensätze Glück und Zufriedenheit zu erlangen, dann malen wir nur willkürliche Bilder auf unseren Spiegel, Bilder, mit denen wir unser Ego stärken und projizieren.

Meister Rinzai sagte: «Solange man nach etwas verlangt, ist es Leiden.» Das bedeutet natürlich nicht, daß man keine Hoffnungen mehr hat, daß einem alles egal wird, sondern daß man aufhört, sich Bilder auszumalen, die man dann für real hält. Denn diese Bilder, dieser Träume, werden ganz bestimmt irgendwann zerbrochen, und es entsteht der Zustand, der als Leiden bezeichnet wird.

Wenn der ursprüngliche Geist
natürlich wirkt,
ist alles Wahrheit.

心若不異
万法一如

Wenn der Geist
keine Unterscheidungen trifft,
sind die Zehntausend Erscheinungen
Wie-Eins.

«Wie-Eins» (jap. *ichinyo*) bedeutet, daß Ursprung und Erscheinung Zwei sind, aber nicht verschieden. «Nicht-Zwei» (jap. *funi*) besagt, daß sie ursprünglich Eins sind, aber als Erscheinung Zwei. *Während* es zwischen den Erscheinungen Unterschiede gibt, sind sie gleich. *Während* sie gleich sind, sind sie verschieden. Diese sogenannte letztliche Wahrheit wird im Mahāyāna-Buddhismus die «Lehre des Nicht-Zwei» (jap. *funi no homon*) genannt.

Wenn der Geist
keine Unterscheidungen trifft,

Das bedeutet, daß man aufhört, Projektionen des eigenen Selbst in sein Herz zu malen, während man sich darüber beschwert, daß die anderen nicht offen genug sind oder zu egoistisch, kurzum belastet mit ihren eigenen Bildern und Träumen. Einswerden bedeutet deshalb nicht, daß man den anderen Menschen zu Nicht-Geist macht, sondern daß man selbst Nicht-Geist wird. Es ist nicht ein Ändern oder Auslöschen des anderen, sondern das Verschwinden des eigenen Ego.

Wenn der Geist
keine Unterscheidungen trifft,

Laßt uns noch etwas darüber nachdenken, indem wir unser alltägliches Leben betrachten. Ich habe bereits davon gesprochen, daß die meisten Menschen ständig von einem Gefühl der Unzufriedenheit und Unausgefülltheit geplagt sind. Liebe ist ein Empfangen, ein Berühren im Zustand der Versenkung, in dem Zustand, in dem man selbst nicht mehr vorhanden ist, wo der Geist keine Unterscheidungen fällt. Immer und überall erfüllt und vollendet sein – das ist Liebe. In diesem Sinne leidet die heutige Gesellschaft an einem großen Liebesmangel. Daß Kinder, die in Wohlstand und Luxus aufgewachsen sind, immer mehr und immer Neues wollen, liegt an einem Mangel an Liebe. Und dies ist nicht nur eine Frage des Maßes an Liebe, das ihnen gegeben wird; ein grundsätzlicheres Problem ist die Frage, wie weit sie vorbereitet und in der

Lage sind, die Liebe, die ihnen begegnet, in sich aufzunehmen.

Wenn der Geist
keine Unterscheidungen trifft,
sind die Zehntausend Erscheinungen
Wie-Eins.

Mit unseren physischen Augen sehen wir Bäume,
Gräser, Männer und Frauen – all die verschiedenen
Dinge, denen wir Namen geben, deren jeweilige Eigenschaften wir uns merken und so nur ihre Verschiedenheit erkennen. Aber wenn wir das Auge unseres
Geistes öffnen, dann werden wir sehen, daß das, was
diesen Erscheinungen zugrunde liegt, Eins ist.

Ihr alle wißt, zumindest verstandesmäßig, daß
«Wahrheit» die Gleichheit aller Dinge bedeutet.
Wahrheit ist in allem gleichermaßen vorhanden,
durchdringt alles gleichermaßen. Diese Wahrheit oh-
negleichen offenbart sich in den verschiedenen Erscheinungen. Aber wir lassen uns von der Verschiedenheit dieser Erscheinungen irreführen und erzeugen inmitten ihrer Gegensätze einen Traum. Wenn
wir deshalb unser Auge öffnen und die Erscheinungen, die Offenbarung der Wahrheit an sich in ihrer
Soheit in uns aufnehmen, sie wie ein Spiegel reflektieren, dann werden wir gewahr, daß sie lediglich
die Erscheinung eines Einzigen in seiner Soheit sind.
Versucht ihr, dies durch Intellekt und Verstand zu
erfassen, dann werdet ihr ewig nicht zur Ruhe kommen. In einem Spiegel könnt ihr zwar eure eigenen
Augen sehen, aber es ist unmöglich, die eigenen Augen mit den eigenen Augen zu betrachten. Deshalb

sagt ein alter Spruch: «Ein Schwert kann das Schwert nicht schneiden.»

Was ihr durch Intellekt und Sinne erfassen könnt, hat Grenzen; deshalb wird Wahrheit in den alten Schriften als «unfaßbar» bezeichnet. Das Erleben der grundlegenden Wahrheit von «die Zehntausend Erscheinungen sind Wie-Eins» bedeutet deshalb nicht, daß ihr euch dieser Einheit «bewußt werdet, sondern daß ihr auch euer selbst entleert – es ist das Zurückkehren des ursprünglich leeren Selbst zum ursprünglichen Leeren. Es gibt nur diese Wirklichkeit – das Erscheinen dieser Wirklichkeit wird Erleuchtung genannt.

Wenn der Geist natürlich wirkt,
gibt es keine Gegensätze.

一如体玄　兀爾忘緣

Wie-Eins an sich
ist unergründlich,
unverrückbar und frei
von Verwicklungen.

Wie ich schon beim Vers über die «sechs Arten des Staubs» erklärt habe, stehen wir selbst und die uns jeweils umgebenden Objekte von Moment zu Moment in einer harmonischen Wechselbeziehung. Dieser Moment vergeht, und der nächste harmonische Moment erscheint. Aber aufgrund der Gewohnheiten, die wir nach unserer Geburt angenommen haben, neigen wir dazu, das Objekt dieses Augenblicks mit hinüberzuziehen in den nächsten Augenblick und es so zu «Staub» zu machen, zu einer Verwicklung, die den Geist trübt.

Ein Spiegel reflektiert von Moment zu Moment das, was vor ihm auftaucht, bis ins kleinste Detail. Taucht dann als nächstes etwas anderes auf, so bleibt keine Spur des Vorhergegangenen im Spiegel zurück, und das Neue wird ungetrübt reflektiert. Genau dies bedeutet «frei zu sein von Verwicklungen». Auch mit einem Fotoapparat wird der jetzige Moment bis ins kleinste auf dem Film wiedergegeben, bis zu diesem Punkt gleicht dies dem Wirken eines Spiegels. Die widergespiegelte Form vergeht jedoch nicht wieder. Wenn man deshalb auf den gleichen Film den nächsten Moment und wiederum den nächsten Moment aufnimmt, dann überlagern sich die verschiedenen Bilder, und das Resultat ist lediglich Verwirrung. Dies bedeutet «von Objekten (Beziehungen) in Verwirrung gebracht zu werden».

Wie-Eins an sich
ist unergründlich,

Es ist das wunderbare Wirken, in dem Objekte weder ignoriert noch an ihnen gehaftet wird. Es ist das ursprüngliche Wirken des Geistes, mit dem ihr alle von Anfang an ausgerüstet seid. Wenn ihr Dinge ignoriert, ist das Verblendung, denn eure eigene Existenz ist nur möglich in der Harmonie mit den Dingen. Deshalb benutzte der japanische Zen-Meister Dōgen Kigen (1200–1253) nie die Worte «Ich und andere», sondern sagte «Mein Selbst und das andere Selbst».

Die Harmonie zwischen diesem eigenen Selbst und dem anderen Selbst wandelt sich mit jedem Moment – denn das ursprüngliche eigene Selbst tanzt in einem verblüffenden, dynamischen Rhythmus. Deshalb be-

singen Sōsan und auch viele andere Meister ihren
Geist-Zustand in einem rhythmischen, wunderbaren
Gesang.

> Die Welt des ursprünglichen Geistes,
> frei von Gegensätzen,
> überschreitet Denken und
> Unterscheidung,
> ist weit und tief;
> unverrückbar, wird es
> von den verschiedenen Beziehungen
> nicht in Verwirrung gebracht.

帰
復
自
然

万
法
斉
観

Betrachtest du die
Zehntausend Erscheinungen gleich,
dann kehrst du zurück
zum Natürlichen.

不
可
方
比

泯
其
所
以

Sind die Ursachen vergangen,
dann gibt es
keine Vergleiche mehr.

Erst in dem Geist-Zustand, wo man selbst wieder zu
einem klaren Spiegel geworden ist, werden alle Dinge
gleichermaßen reflektiert. Gerade das ist die Rückkehr zur ewigen, ursprünglichen Gestalt des eigenen
Selbst. «Gleich betrachten» bedeutet deshalb nicht,
daß wir verschiedene Dinge nebeneinander stellen,
ihre Unterschiede ignorieren und sie *als* gleich betrachten, sondern es bedeutet, daß sich das Objekt
des jeweiligen Augenblicks als «absolute Existenz» in
Harmonie mit uns selbst befindet. Wenn man eine
Frau trifft und sie dann, während man mit ihr redet,

in Gedanken mit einer anderen Frau oder einem Mann vergleicht, gibt es kein harmonisches Zusammentreffen. Nicht nur daß man ihr als einem «vergleichbaren Objekt» begegnet ist, man hat damit sogleich auch die eigene Existenz dieses speziellen Augenblicks zerstört.

Obwohl das so ist, hegt ihr dennoch verschiedene Träume, vermischt ihr das, was tatsächlich vor euren Augen vorhanden ist, mit dem, was nicht vorhanden ist, und erzeugt somit Leiden. Sind die Ursachen dafür jedoch vergangen, dann ist auch das Gefühl, daß man Vergleiche anstellen und in Vorzüge und Nachteile aufteilen möchte, zunichte geworden. Sōsan, der dritte Patriarch, sagt das so einfach und klar, aber wenn wir an die Wirklichkeit unseres täglichen Lebens denken, dann sehen wir, was für eine ungeheuer ernste Sache das ist. Lesen wir deshalb in unserer Unreife die Worte der Patriarchen, dann kommt es nicht nur darauf an, die Wahrheit, die in den Worten ausgedrückt wird, zu ergreifen, sondern es ist notwendig, sich selbst zu fragen, wo und wie die eigene Lebensweise, verglichen mit dieser Wahrheit, fehlerhaft und mit Irrtümern belastet ist.

Wir befinden uns meistens in einem Zustand des Vergleichens. Das höchste Leitmotiv unseres Lebens im Rahmen dieses allgegenwärtigen Vergleichens besagt, daß wir uns unsere eigenen Ziele stecken und den eigenen Vorstellungen folgen sollen – und zwar in einer hauptsächlich leistungsorientierten Weise. Dies wird in der heutigen Gesellschaft als das Wichtigste angesehen und bestimmt das eigene Leben sowie das unserer Kinder weitgehend. Auf welche Schule soll man sie schicken, damit sie am schnellsten und meisten lernen? Welches Auto hat die beste Beschleunigung und startet am schnellsten, wenn die Ampel auf Grün wechselt? Wenn ihr so denkt, dann gibt es zwischen dem Punkt, wo ihr euch jetzt befindet, und eurem Ziel eine Distanz. Wo es Distanz gibt, da treten unvermeidbar Probleme wie «schnell und langsam», «schwierig und leicht» auf. Sōsan sagte im ersten Vers:

> Der höchste Weg
> ist nicht schwierig,

Dieser nicht-schwierige, höchste Weg ist der Weg, bei dem das Ziel nicht getrennt ist vom «Hier und Jetzt». In der Zen-Übung wird deshalb wieder und wieder betont: «Sei in der Versenkung von Hier und Jetzt – nur du, hier, an diesem Ort, in diesem Moment.»

Als der fünfte Patriarch des Zen in China, Gunin (chin. Hung-jen, 601–674) seine Schüler aufforderte, einen Vers zu verfassen, damit er anhand dieses ihren Geist-Zustand erkennen und seinen Dharma-Nachfolger bestimmen könne, schrieb der Mönch Jinshu (chin. Shen-hsiu) folgende Zeilen:

> Der Leib,
> das ist der Bodhi-Baum,
> der Geist, er gleicht
> dem klaren Ständer-Spiegel.
> Wisch ihn denn immer wieder rein,
> laß keinen Staub
> sich darauf sammeln!

Dieser Vers ist zwar außergewöhnlich und in seiner Art wunderbar, aber in ihm ist der Gedanke enthalten, daß es ein substantielles Selbst gibt, das man polieren und von Staub freihalten muß. Es ist ein Vers, der immer noch dem Intellekt verhaftet ist. Im Gegensatz dazu schrieb Hui-neng (der spätere sechste Patriarch) diesen Vers:

> Im Grunde gibt es
> keinen Bodhi-Baum,
> noch gibt es
> Spiegel und Gestell.
> Da ist ursprünglich
> kein (einziges) Ding –
> wo heftete sich Staub denn hin?

Für Hui-neng war Übung keine Sache des Intellekts oder Willens, sondern die Welt in ihrer Soheit, Realität an sich, ohne den kleinsten Raum, in den Verstand, Wille oder eine «Vorstellung» von Übung eindringen könnten. «Kein Ding» oder «Leere» bedeutet, daß es keinen Unterschied zwischen Selbst und anderen gibt. Es ist die Harmonie des jeweiligen Moments, in dem man selbst und andere(s) verschmolzen sind und sich das wahre Selbst zum erstenmal voll in seiner ganzen Individualität entfalten kann – die Absolutheit des «Hier und Jetzt». Kostet deshalb diesen Vers von Hui-neng zusammen mit den Worten von Sōsan gut aus.

> Wenn der Geist natürlich wirkt
> und es keine Gegensätze gibt,
> ist gerade das
> die Rückkehr zum Ursprünglichen.

Das eigene Selbst,
das die Ursache für Täuschung ist –
wenn ihr versteht,
daß es ursprünglich Leere ist,
gibt es überhaupt nichts,
was ihr vergleichen könntet.

動止無止　止動無動　Wird Bewegung angehalten,
so entsteht Nicht-Bewegung;
wird Ruhe bewegt,
so entsteht Unruhe.

一何有爾　両既不成　Wenn beides schon nicht existiert,
wie könnte es dann das Eine geben.

Hier werden nur die beiden Zustände Bewegung und
Ruhe angesprochen, aber begrenzt die Aussage dieses
Verses nicht lediglich auf diese beiden – *alles* in uns ist
Zwei. Zum Beispiel findet nach der Befruchtung innerhalb von acht bis zehn Tagen bereits eine Zelltei-
lung statt, und das, was als erstes gebildet wird, ist
eine Mittellinie innerhalb des befruchteten Eis. Diese
Mittellinie entsteht abhängig von der Anziehungskraft
der Erde, und ihr Auftauchen bedeutet, daß eine Un-
terteilung in Zwei stattgefunden hat. So lassen sich alle
Erscheinungen in ein System von Mitte, rechts und

links einordnen, also in ein System, dem Unterscheidungen zugrunde liegen.

Es ist deshalb jedoch keine Selbstverständlichkeit, daß wir Unterscheidungen treffen und Vergleiche anstellen – selbstverständlich ist nur, daß wir innerhalb vergleichbarer Erscheinungen leben und leicht von ihnen in die Irre geführt werden. Die Frage ist, wie wir das Vergleichen überschreiten können. Der Kernpunkt unserer Übung ist die Frage, wie wir dem Ursprung näherkommen können. Wahrheit ist das *Ganze*; das ist nichts, was sich nach rechts oder links neigt oder sich über der Mitte befindet. Als Erscheinung jedoch offenbart sich alles geteilt durch diese sogenannte Mittellinie in rechts und links, vorne und hinten, oben und unten. Wenn man jedoch davon gefesselt wird, dann verliert man die Wahrheit aus den Augen.

In Bewegung gibt es Ruhe, und in Ruhe existiert Bewegung. Bewegung und Ruhe, die sich zu widersprechen scheinen, existieren gleichzeitig. Rechts und links existieren gleichzeitig, vorne und hinten existieren gleichzeitig. Trennt euch deshalb von eurer Welt der Gegensätze und erkennt die Welt der Einen Wahrheit, dann wird es nirgends etwas geben, was nur einseitig existiert.

Wahrheit ist das Ganze und schließt alle Gegensätze in sich ein. Aber das, was wir mit unserem Verstand erfassen können, ist immer nur eine Seite. Deshalb neigen wir dazu, nur eine Seite als endgültig und absolut zu bestimmen, ohne zu sehen, daß ihr Gegenteil bereits vorhanden ist. Auf der Rückseite von Jugend ist Alter, auf der Rückseite von Schönheit ist Häßlichkeit. Auf der Rückseite von Freude ist Trauer, auf der Rückseite von Leben ist Tod. Wahrheit umfaßt beides

und ist doch weder das eine noch das andere in losge-
löster Form. Man kann rechts und links nicht trennen
und jedes allein für sich existieren lassen. Man kann
Bewegung und Ruhe nicht getrennt für sich existieren
lassen. Eines und Vieles existieren nicht getrennt voneinander. Das Eine bedingt das Viele, und umgekehrt.
Wird eine Seite weggenommen, dann vergeht auch die
andere.

> Ursprünglich gibt es
> keine Bewegung,
> die angehalten werden müßte,
> und keine Ruhe,
> die bewegt werden müßte.
>
> Diese ursprüngliche Welt –
> man kann sie weder Bewegung
> noch Ruhe nennen,
> weder Zwei noch Eins.

不 究
存 竟
軌 窮
則 極

Letztlich und endlich
gibt es keine Bestimmungen.

Letzten Endes existieren keine Regeln, und es gibt nichts, was man ergreifen und als Grundsatz bestimmen könnte. Die Regeln, die wir erfassen können, befinden sich innerhalb eines bestimmten Rahmens und haben nur für einen begrenzten Zeitraum und eine bestimmte Angelegenheit Gültigkeit. Letztlich gibt es keine Regeln, welcher Art auch immer. Das ist aber nicht das Negieren von Regeln als solchen, sondern besagt, daß sich alle Regeln unbegrenzt wandeln. Unzählbare Bestimmungen bewegen sich, sich gegenseitig umwindend, sich immerfort wandelnd. Von Mo-

ment zu Moment, von Ort zu Ort, entsteht ein absolutes, höchstes Gesetz, das im nächsten Moment von
einem neuen «höchsten Gesetz» überschritten und ab-
gelöst wird. Dies ist das Wirken der wahren Realität,
die sich ständig wandelt, die ständig Neues hervorbringt – in der jeder Augenblick als solcher absolut ist.

Bashō, einer der Größten unter den japanischen
Haiku-Dichtern, verfaßte kurz vor seinem Tod ein
letztes Gedicht, ein sogenanntes Sterbegedicht. Als
man es fand und er darauf angesprochen wurde, sagte
er: «Alle Haiku, die ich bis jetzt geschrieben habe,
waren Sterbegedichte.» Jedes Haiku, das er geschrieben hatte, war sein bestes und letztes, war absolut und
vollkommen.

> Letztlich gibt es nichts,
> was ihr als «Dies»
> bestimmen könntet,
> um euch daran festzuhalten.

所 契 Übereinstimmender Geist
作 心 ist Gleichheit,
俱 平 alle künstlichen Handlungen
息 等 vergehen zusammen.

Geist, der sich im Einklang befindet – das ist der
Geist-Zustand, in dem alles weite Leere ist, in dem
sich nicht einmal ein Stäubchen rührt, in dem es nichts
gibt, was man als Prinzip oder Grundregel ergreift,
also der Zustand von Nicht-Geist, des Alles-Durch-
dringens. In diesem Wirken des Geistes, des Lebens
oder der Großen Weisheit, wie es im Buddhismus genannt wird, ruhen alle künstlichen Handlungen.

Künstliche Handlungen sind alle Aktivitäten, in denen das eigene Ego im Mittelpunkt steht und durch die
ein eigenmächtig erschaffener Traum verwirklicht

werden soll. Wenn diese Handlungen vergehen, dann erscheint das natürliche Wirken, das sich so harmonisch den momentanen Begebenheiten anpaßt, wie Wasser von der Höhe in die Tiefe fließt und sich von Moment zu Moment den jeweiligen Voraussetzungen überläßt. Übung ist nicht ein zwanghaftes Anhalten von dem, was sich bewegt, und auch kein In-Bewegung-Bringen von dem, was sich im Zustand der Ruhe befindet. In Bewegung ist bereits Ruhe, in Ruhe gibt es Bewegung. In rechts ist links vorhanden, links geht einher mit rechts – Gegensätze existieren zusammen. Überlegt es euch einmal gut – sogar innerhalb der eigenen Verblendung herrscht Ausgeglichenheit. Auf der Rückseite eines Überlegenheitsgefühls kann man mit Sicherheit ein Minderwertigkeitsgefühl antreffen – selbst Täuschung und Verblendung können sich keinen Schritt von der Wahrheit entfernen.

Ursprünglich sind
das Wirken des Geistes der Menschen
und die Bewegung der Wahrheit
vollkommen eins;
so etwas wie künstliche Handlungen
ist nirgends vorhanden.

<table>
<tr><td>正
信
調
直</td><td>狐
疑
尽
浄</td><td>Zaudern und Zögern
vollkommen erschöpft,
ist der wahre Glaube
harmonisch und direkt.</td></tr>
</table>

Nicht-Geist, ungestörte Leere – reine Harmonie. Dann gibt es nur noch ein Sich-dem-Geist-Überlassen, ein «Glauben an den Geist». Dann gibt es nur noch die Lebensweise, die uns von Moment zu Moment im «Hier und Jetzt» völlige Zufriedenheit kosten läßt. Nur weil ihr das nicht fertigbringt, habt ihr einen Wunsch nach dem anderen. Wenn ihr wirklich alles und jedes gründlich in euch aufnehmen und damit verschmelzen könntet, dann würdet ihr feststellen, daß eure Wünsche und Begierden verschwunden sind.

Weil ihr das nicht könnt, seid ihr wie Bettler und

verlangt nach allem, was ihr hört und seht. Das Problem ist nicht, ob man in Lumpen gekleidet, zu groß oder zu klein, zu dick oder zu dünn ist. Ist man jedoch nicht in der Lage, alles, womit man konfrontiert wird, gründlich in sich aufzunehmen, und hat man immer ein Loch im Herzen, das man mit etwas auffüllen möchte, dann ist dies wirklich beschämend und bedeutet das Erzeugen von Leid und Sorgen. Strengt euch deshalb an und verwirklicht die Wahrheit von «Hier und Jetzt», damit ihr selbst sagen könnt:

> Zweifel und Unschlüssigkeit
> werden zunichte,
> es gibt nur reine Harmonie.

無可記憶
一切不留

Nichts bleibt zurück,
keine Erinnerungen.

不劳心力
虚明自照

Reine Klarheit
erstrahlt natürlich,
ohne Anwendung
der Geisteskraft.

Ob im individuellen Leben oder in der großen Natur
– alle Dinge entstehen von Augenblick zu Augenblick
und vergehen von Augenblick zu Augenblick. Könnt
ihr deshalb die Lebensweise des «Hier und Jetzt» nicht
durchdringen, dann wird es euch nicht möglich sein,
das Glück, das momentan vor euren Augen auftaucht,
zu ergreifen. Ob Glück oder Leiden, wenn ihr es vollkommen zur Vollendung bringt, wenn ihr ganz und
gar damit verschmelzt, dann bleibt nichts zurück, was
euch als «Vergangenheit» umgibt. Dann gibt es keine
Reste von Glück oder Leid, die der Verwirklichung

der nächsten Freude, der nächsten Sorge im Wege stehen. Wenn ihr das ursprüngliche Wirken natürlich hervortreten laßt, dann ist alles Leere, ist alles natürlich und klar. Es ist absolut unnötig, daß ihr den eigenen Willen anstrengt, denn erst dort, wo Willenskraft oder Vorstellungskraft, wo Kenntnisse und Gefühle, wo alle die psychischen Aktivitäten, die wir nach unserer Geburt erworben haben, nicht vorhanden sind, kann sich unsere wirkliche Kraft frei entfalten.

Eins nach dem anderen erscheint,
eins nach dem anderen vergeht –
es gibt keinen Stillstand
und keine Rückkehr.

Das ursprüngliche, natürliche Wirken
wirkt frei –
ihr braucht eure Willenskraft
nicht anzustrengen.

識　非　Der Ort des Nicht-Erwägens
情　思　ist mit Wissen oder Gefühl
難　量　nicht zu ergründen.
測　処

Der «Ort des Nicht-Erwägens» ist Wahrheit an sich. Das ist kein Teil der Wahrheit, zeitlich begrenzt auf einen Moment und räumlich begrenzt auf einen Ort. Und es ist auch kein Gesetz, das bestimmte, Beschränkungen unterliegende Dinge erklärt. Die Wissenschaften sind heutzutage sehr weit fortgeschritten. Eine Unmenge von Gesetzen wurden entdeckt und erzeugt, und diejenigen, die diese Prinzipien entweder entdeckt oder sich überlegt haben, sind besonders talentierte und befähigte Menschen. Aber diese Gesetze werden, eines nach dem anderen, wieder überschritten und durch neue ersetzt.

In meinen Bemerkungen zu einem früheren Vers habe ich gesagt, daß Regeln von Moment zu Moment überschritten und aufgehoben werden. Dieses Überschreiten jedoch und das Überschreiten, von dem jetzt die Rede ist, haben nicht die gleiche Bedeutung, und ihr dürft sie nicht miteinander verwechseln. Das Überschreiten als ein Wirken des höchsten Weges besteht darin, daß ein Moment, während er absolut und vollkommen ist, sich selbst im nächsten Moment transzendiert. Das Überschreiten von Gesetzen, zum Beispiel der Naturwissenschaft, bedeutet jedoch, daß sie nur einen begrenzten Bereich erklären können und von Anfang an unvollkommen waren. Dieser Unterschied ist der Unterschied zwischen dem Wirken des Ortes des Nicht-Erwägens und dem Wirken des Ortes der Erwägung. Das, was durch Verstand, angehäuftes Wissen und Gefühl erfaßt werden kann, ist letztlich nur etwas, was Begrenzungen unterliegt. Die Welt, die wir anhand dieser Fähigkeiten erkennen können, befindet sich im Reich der Wissenschaft, aber nicht der Religion.

Eines Tages, als der chinesische Meister Yakusan Igen (chin. Yüeh-shan Wei-yen, 745–828?) Zazen übte, kam ein Mönch zu ihm und fragte: «Der Meister sitzt fest und entschlossen. Was erwägt er?» Meister Yakusan erwiderte: «Ich erwäge das Nicht-Erwägbare.» Der Mönch fragte nochmals: «Wie kann man das Nicht-Erwägbare erwägen?» Yakusan sagte: «Nicht-Erwägen.»[8]

Und der japanische Zen-Meister Daitō Kokushi (1282–1338) gab seinen Schülern als letzte Unterweisung vor seinem Tod folgenden Rat: «Während der vierundzwanzig Stunden des Tages wende dich stets nur dem zu, was nicht verstandesmäßig erfaßt werden kann, und ergründe es unablässig...»

Ich selbst muß jedoch gestehen, daß es mir nicht möglich war, gleich zu Beginn meiner Übung den Ort des Nicht-Erwägens zu erwägen. Meine Erziehung war von frühester Jugend an darauf ausgerichtet gewesen, verstandesmäßig einen Zweck und ein Ziel zu bestimmen und dann mit Verstand und Wille danach zu streben. Deshalb waren die ersten zwei, drei Jahre, nachdem ich angefangen hatte, Zazen zu üben, von einem heftigen Gefühl des Erleuchtetsein-Wollens, vom willentlichen Aushalten der körperlichen Schmerzen und von Müdigkeit ausgefüllt. Erleuchtet wurde ich davon jedoch nicht. Deshalb übte ich auch mittags und abends (also auch in den «Ruhepausen» im strengen Klosteralltag [Anm. d. Übers.]) nur noch Zazen, und weil ich dachte, meine Müdigkeit rühre vom Essen her, hörte ich auf zu essen. Die Folge waren lediglich stärkere Schmerzen und geistige Unklarheit. Auf dem Sitzkissen saß ein Kloß aus Schmerzen, Müdigkeit und Verwirrung. Obwohl ich dachte, daß es zu meinem Tod führen würde, wenn ich so weitermachte, konnte ich doch nicht damit aufhören.

Dann eines Nachts, plötzlich, als ob der Nebel sich lichten würde, vergingen die körperlichen Schmerzen und die geistige Verwirrung. In einer großen Klarheit war ein Sehen und Hören, aber es war überhaupt kein sehendes Selbst und kein hörendes Selbst vorhanden. Ich weiß nicht, wie lange dies andauerte, aber als ich wieder zu mir kam, gab es nichts als eine große, überschwengliche Freude, in der ich nicht mehr stillhalten konnte. Ich hatte überhaupt keinen Gedanken daran, daß dies Erleuchtung oder eine religiöse Erfahrung sei, sondern nur Freude, die wie Wasser aus einer Quelle aus mir hervorsprudelte. Solche Erfahrungen, natürlich nicht durch den gleichen Prozeß, wiederholten sich wieder und wieder. Der große japanische Zen-Meister Hakuin, einer der bedeutendsten japanischen Meister, sagte über sich selbst: «Große Erleuchtung achtzehnmal, kleine Erleuchtungen unzählige.»

Diese Erleuchtungen, dieses Erwägen des Ortes des Nicht-Erwägens, sind immer das Transzendieren des eigenen Selbst.

> Diese Welt kann nicht erfaßt werden;
> wenn man denkt,
> man hätte sie ergriffen,
> ist es nur eine Täuschung.

無　真　Im Reich
他　如　der Wahrheit an sich
無　法　gibt es weder
自　界　andere noch Selbst.

«Die Wellen des großen Ozeans, die tosend an den Felsstrand rollen – sie zerbrechen und bersten, sie spalten sich und zerstäuben. Ah, wie kühn und mutig.»

Minamoto no Sanetomo, der Verfasser dieses Liedes, war nicht nur ein Poet, sondern ein Shōgun in der Kamakura-Periode. Das Gefühl, das er beim Schreiben dieser Zeilen höchstwahrscheinlich hatte, war ein Respekt vor dieser Kühnheit der Wellen, die selbst angesichts ihres Vergehens mit Stärke und aller Macht heranbrausen, und sicher wird er seinen Entschluß, sein Leben mit Mut und Tapferkeit zu leben, komme, was da wolle, beim Anblick der Wellen erneuert und bekräftigt haben.

Die Zeilen haben jedoch gleichzeitig noch eine Bedeutung, die er selbst vielleicht gar nicht bemerkt hat, die jedoch noch viel wichtiger ist und die wir auf keinen Fall übersehen dürfen. Eine große, schaumgekrönte Welle rollt aus der Ferne heran und bricht sich schließlich an den Felsen des Ufers – und dann? Ist es nicht so, daß sie zurückgekehrt ist in den großen Ozean? Dann gibt es zwar keine einzelne Wellenform mehr, aber es gibt das große, gesamte, mit allem organisch verbundene Wasser an sich. Und daraus erhebt sich wiederum eine Welle, die mit ihrer ganzen Kraft ans Ufer heranrollt und dort bricht. Das ist nicht nur ein Vergehen, sondern auch ein Zurückkehren. Der Wandel der Form – für Lebewesen ist das als äußerstes der Tod – ist keine Katastrophe, sondern ein erneutes Geborenwerden, eine dynamische Bewegung innerhalb einer organischen Beziehung.

Es fällt den Menschen sehr schwer, die Dinge in ihrer Soheit zu erkennen, weil sie die Angewohnheit haben, wenn sie etwas erkennen wollen, sich zuerst einmal Gedanken darüber zu machen und erst danach wirklich hinzusehen. Ihr Denken ist lediglich ein sich Beschäftigen mit dem, was sich innerhalb von Beschränkungen befindet, aber kein weites Öffnen des Herzens, um alles in seiner Soheit zu empfangen. Ihre Gedanken kleiden sie dann in Worte, die in sich selbst bereits etwas Relatives sind. Wenn es Groß gibt, gibt es auch Klein. Wenn Gut existiert, existiert auch Schlecht. Wenn es vorn gibt, gibt es hinten, mit kurz geht lang einher. Auf diese Weise sind Worte immer etwas, das sich innerhalb von Gegensätzen befindet.

Anhand dieser Worte folgen wir unserer Logik. Aber bevor wir diese Logik überhaupt anwenden, betrachten wir sowieso nur die Dinge, die schon im Rahmen von Beschränkungen liegen. Zum Beispiel wird auf einer Bühne die Beleuchtung oft so eingesetzt, daß nur ein Teil der Szene im Rampenlicht hervorgehoben wird und der Rest im Hintergrund verschwindet. Für Menschen, die sowieso stets nur Teile und Ausschnitte wahrnehmen, werden durch Beleuchtungseffekte nochmals Teile ausgesondert und hervorgehoben. Das hat zwar im Theater seine Berechtigung, aber leider ist es etwas, was wir auch in unserem täglichen Leben oft tun. Wenn wir unsere Kinder betrachten, sehen wir kaum, daß sie einmal erwachsen sein werden. Wenn junge Menschen jemanden sehen, der alt ist, erkennen sie nicht, daß er einmal jung war, und sie bemerken auch nicht, ihre eigene Zukunft bedenkend, daß sie selbst einmal ein alter Mensch sein werden.

Einerseits sondern wir aus und betrachten nur kleine Ausschnitte, andererseits neigen wir dazu, das Leben nur sehr allgemein und generell zu betrachten, ohne etwa dem Leben einer einzigen Zelle Aufmerksamkeit zu schenken. Deshalb meinen wir, daß unser eigenes Leben die Fortdauer eines einzigen «Ich» ist, vom Zeitpunkt unserer Geburt bis zu dem Tag, an dem wir in einen Sarg gelegt werden. Aber überlegt euch einmal: Jeden Tag, wenn wir ein Bad nehmen, wird ein Teil unseres äußeren Ich wasserbestattet, und wenn wir auf die Toilette gehen, wird ein Teil unseres inneren Ich bestattet. Unsere Zellen erneuern sich fortwährend, manche innerhalb von ein paar Tagen, andere innerhalb von ein paar Wochen.

In diesem stetigen Bersten und Zerbrechen, Spalten

und Vergehen, leben wir das Leben des einzigen, großen Ozeans; aber es fällt uns schwer, dies zu erkennen.
Während man selbst ein Teil ist, ist man gleichzeitig
eine unentbehrliche Existenz im Ganzen. Weil ihr euch
dessen nicht bewußt seid, gebt ihr euch der Täuschung
hin, unverrückbar und unveränderlich zu existieren,
und denkt, daß alles außer euch selbst etwas «anderes»
ist. Zusammen mit dieser Täuschung entsteht dann
der Wunsch, dieses eigene Selbst sicher und unantast-
bar zu machen, und die Folge davon ist, daß alles andere außerhalb von einem selbst zum Feind gemacht
wird. Das ist wirklich furchtbar, denn es bedeutet, daß
das gesamte Universum zum Feind wird.

Die Welt der Wahrheit in ihrer Soheit ist ohne Selbst
und andere. Es ist das ursprüngliche Verschmolzensein
von uns selbst mit allem anderen. Dort gibt es kein
abgesondertes Selbst. Die Welt in ihrer Soheit zu erkennen bedeutet, ohne ein Selbst, das sieht, zu sehen.
Während man klar und deutlich sieht und hört, gibt es
keinen Seher oder Hörer, sondern nur das Verschmelzen mit dem jeweiligen Augenblick. In diesem Moment gibt es keine Welt, die außerhalb von einem
selbst existiert; man selbst ist im Ganzen aufgegangen
– abhängig vom Ganzen entsteht das eigene Selbst.
Alles andere bist du selbst, du selbst bist alles andere.

Nur in fixen Ideen
gibt es dich und andere.

唯　要
言　急
不　相
二　応

Möchte man unbedingt Entsprechung,
so sage ich nur:
Nicht-Zwei!

Wollt ihr der Wahrheit entsprechen und mit ihr eins
werden, dann ist gerade diese Absicht das Hindernis,
das euch im Weg steht. Wenn es auch den Unterschied
zwischen dem formlosen Wesen, genannt Wahrheit an
sich, und einem selbst, der sogenannten Erscheinung,
gibt – ursprünglich ist es Nicht-Zwei. Wenn ihr deshalb überflüssige Gedanken wie «entsprechen wollen»
vergeßt und einfach «natürlich» seid, dann ist genau
das die wahre Entsprechung.

Aufgrund unserer fest eingefahrenen Gewohnheiten, wie zum Beispiel Erwägungen anstellen, Unter-

scheidungen vornehmen und wählen, ist es sehr schwierig, diese «Natürlichkeit» zu verwirklichen, und es ist dafür oft notwendig, sehr hart zu üben. Viele Leute verstehen nur diese Übung, die unsere Gewohnheit, alles nur mit dem Verstand erfassen zu wollen, zerstört, als «Zen». Aber der wahre Geist-Zustand von Zen, wenn man ihm unbedingt einen Namen geben will, ist die Rückkehr zum ursprünglich Natürlichen. Deshalb sagt Meister Sōsan:

Nicht-Zwei!

Der Geist jener, die auf der Suche sind, nimmt Unterscheidungen und Trennungen vor und ist immer Zwei. Wer nach Erleuchtung sucht, der denkt von sich selbst, daß er verblendet sei. Diejenigen, die nach Wahrheit suchen, glauben, daß sie selbst davon entfernt sind. Einer, der nach Liebe sucht, nimmt an, daß er nicht geliebt wird. Deshalb sagte Meister Rinzai: «Suche nicht außerhalb, durch Suche entsteht Leiden.» Reich und arm, Ruhe und Lärm, Friede und Krieg, Licht und Dunkelheit, Selbst und andere –

> Versucht ihr unvernünftigerweise
> diese beiden, nur in Täuschung
> existierenden Seiten zu verbinden –
> es geht nicht,
> weil sie ursprünglich keine Zwei sind.

不二皆同　無不包容

Nicht-Zwei,
alles ist gleich –
es gibt nichts,
was nicht enthalten ist.

十方智者　皆入此宗

Die Weisen
aus den Zehn Richtungen
treten alle
in diese Wahrheit ein.

Alles Seiende ist in seiner Soheit derart, daß es nicht gegeneinander abgewogen und miteinander verglichen werden kann. Es gibt nichts, was von sich behaupten könnte «Das bin nur ich, aber nicht du». Die Luft, die ich jetzt in meine Lungen einatme, wird als nächstes in euren Lungen sein. Das Wasser, das ich jetzt trinke, wird im nächsten Augenblick zu Wasser, das ihr zu euch nehmt. Ob man Luft, Wasser oder Nahrungsmittel als Beispiel nimmt, alles trägt innerhalb eines großen Kreislaufs, in einer organischen Beziehung zum Wandel und der Bewegung des Lebens bei.

Das ist die Welt der Wahrheit an sich – darin gibt es überhaupt nichts, was sich als Ausnahme, als etwas Besonderes hervortun könnte; alles steht vielmehr in einem untrennbaren Zusammenhang. Alle Menschen, an allen Orten und zu allen Zeiten (d. h. aus allen Zehn Richtungen – diese sind die vier Himmelsrichtungen West, Ost, Süd und Nord, dann die Richtungen Südost, Nordost, Südwest, Nordwest sowie die Senkrechte der Zeit), die mit der Welt der Wahrheit an sich vereint sind, die friedlich und sorglos in der Welt der Nicht-Zwei weilen, sind Menschen, die diese fundamentale Realität verwirklicht haben.

> Alles Existierende ist gleich;
> alles kommt daraus hervor,
> alles kehrt dahin zurück.

> Die Menschen der Vergangenheit
> und Zukunft,
> die Heilige genannt werden,
> erreichen alle diese Wahrheit.

一 宗　In der Wahrheit gibt es
念 非　weder Verkürzung noch Verlängerung,
万 促　ein Gedankenmoment
年 延　ist zehntausend Jahre.

十 無　Es gibt weder
方 在　Sein noch Nichtsein,
目 不　nur die Zehn Richtungen
前 在　vor unseren Augen.

Wahrheit ist jenseits von Zeit und Raum; nur mit Dingen und ihrem Wandel konfrontiert, fangen wir an, ein Gefühl von Zeit und Raum zu entwickeln. Fukō (chin. P'u-Kuang) war ein Schüler des berühmten Mönchs Genjō (chin. Hsüan-chuang, 600–664), der von China durch Zentralasien nach Indien reiste und 657 Sanskrit-Texte mit zurückbrachte, wovon er etliche, darunter die wichtigsten Werke des Yogāchāra, ins Chinesische übersetzte, weshalb er auch oft Tripitaka-Meister genannt wurde. Dieser Fukō sagte in einer Abhandlung über die «Schatzkammer des Abhidharma» (Skrt. *Abhidharma-kosha*): «Zeit ist ohne eine eigene Substanz. Sie erscheint abhängig von den Erscheinungen.»

Richten wir also unsere Augen nur auf die Erscheinungen, dann gibt es in ihrem Wandel sofort Ursache und Wirkung, dann ist das Resultat vergangener Ursachen die Gegenwart, und auch diese wird wiederum zur Ursache für das Resultat der Zukunft. Dann gibt es das Gesetz der Kausalität und damit einhergehend die Einschränkung von Zeit und Raum. In allen Lehren, die sich auf Moral stützen, wird deshalb immer betont, daß man für ein gutes Resultat (z. B. Glück) die entsprechenden guten Ursachen erzeugen muß.

Tatsächlich ist es jedoch so, daß nur ein verschwindend kleiner Teil einer Ursache von einem selbst beeinflußt oder erzeugt werden kann. Es sind unvorstellbar viele Ursachen zusammen, die ein einziges Resultat ergeben. Deshalb gab es in der Geschichte der Menschheit immer viele, die glücklich waren, obwohl sie schlechte Ursachen erzeugten, und es gab andererseits auch viele, die ohne irgend etwas Schlechtes zu tun, unglücklich waren. Dies wird im allgemeinen als «Schicksal» bezeichnet, und alle möchten gern von diesem Schicksal, der Einschränkung durch Ursache und Wirkung, frei sein. Im *Mumonkan* wird gleich als zweites Kōan folgende Geschichte vorgestellt:

Wenn Meister Hyakujō seinen Dharma-Vortrag gab, saß unter den Mönchen immer ein alter Mann, der mithörte und sich zurückzog, wenn die anderen weggingen. Eines Tages jedoch blieb er zurück, und der Meister fragte ihn: «Wer bist du, der du vor mir stehst?» Der alte Mann antwortete: «Ich bin kein menschliches Wesen. Früher, zur Zeit des Kashō-

Buddha, war ich der Obere dieses Klosters. Einmal kam ein Mönch und fragte mich: ‹Fällt ein erleuchteter Mensch auch unter das Gesetz von Ursache und Wirkung?› Ich antwortete: ‹Er tut es nicht.› Wegen dieser Antwort wurde ich gezwungen, fünfhundert Leben lang das Leben eines Fuchses zu leben. Nun bitte ich Euch, sprecht für mich die Worte der Verwandlung und entlaßt mich aus dem Fuchsleib.» Dann fragte der alte Mann Meister Hyakujō: «Fällt ein erleuchteter Mensch auch unter die Kausalität oder nicht?» Der Meister sagte: «Er mißachtet die Kausalität nicht.» Als der alte Mann das hörte, wurde er sogleich erleuchtet...

Am Abend bestieg der Meister das Rednerpult in der Halle und erzählte den Mönchen die ganze Geschichte. Daraufhin fragte Ōbaku: «Ihr sagt, der alte Mann habe nicht die richtigen Worte gesprochen und mußte das Leben eines Fuchses führen. Was wäre aus ihm geworden, wenn er die richtige Antwort gegeben hätte?»[9]

Könnt ihr auf diese Frage antworten?

Der dritte Patriarch Sōsan befindet sich nicht in einer Welt von Ursache und Wirkung, ist in keinem Schicksal befangen. Natürlich lebt er als Erscheinung zusammen mit vielem anderen – da gibt es sowohl Wandel als auch Dinge, die man mit Ursache und Wirkung oder mit Schicksal bezeichnen kann. Aber in Sōsans Lebensweise existieren sie nicht. Für Sōsan gibt es keine Ziele (Wirkungen), nach denen er strebt, und dementsprechend sind auch seine Handlungen frei von einer Absicht. Sein Bestimmungsort (Ziel) ist «hier», und um dorthin zu gelangen, gibt es nur «jetzt». Zwischen dem Ort, an dem er steht, und seinem Ziel gibt es weder Distanz noch Zeit. Ursache und Wirkung sind eins – nirgends existiert ein Schicksal. Wenn Meister Sōsan weint, dann weint er nur, wenn er lacht, dann lacht er, wenn er singt, dann singt er. Meister Hakuin besingt diesen Geist-Zustand in seinem «Preisgesang des Zazen» (jap. *Hakuin Zenji Zazen Wasan*) mit folgenden Worten: «Weit öffnet sich das Tor der Einheit von Ursache und Wirkung, und der einzige Weg tut sich auf.»[10]

Gerade das ist ES. Wenn man sich erkühnt, es wissenschaftlich zu erklären, dann könnte man sagen, daß in einer Zelle, der Grundeinheit unseres Lebens, nicht nur die unendliche Vergangenheit eingeschlossen ist, sondern auch die Kraft, Zukunft zu erzeugen. Aber diese Kraft offenbart die jeweilige Zelle stets nur in diesem Moment. Sie wertet und überlegt nicht, wie sie Raum und Zeit, Ursache und Wirkung oder Schicksal beeinflussen und kontrollieren könnte, und dennoch lebt sie in jedem Moment ganz natürlich die unendliche Vergangenheit und Zukunft.

Ihr denkt vielleicht, daß sich diese Erklärung nur auf die Zeit bezieht, aber das Wirken einer Zelle in jedem Augenblick existiert in vollkommener Harmonie mit allen anderen Zellen. In jedem Moment, den wir erleben, sind zeitlich und räumlich grenzenlose, unermeßliche Dinge inbegriffen. Obwohl das so ist, zerstören wir den jetzigen Augenblick, indem wir ihn begrifflich fassen und bewerten und Ursache und Wirkung kontrollieren wollen. Meister Hyakujōs «Er mißachtet die Kausalität nicht» ist die Aufforderung, den jetzigen Moment, in dem die unendliche Zeit und der unendliche Raum enthalten sind, in seiner Soheit direkt in sich aufzunehmen. Meister Sōsan sagt, daß wir, wenn wir den jetzigen Augenblick in seiner Soheit leben, den unendlichen Raum und die unendliche Zeit leben, und Meister Hakuin sagt, daß gerade das Leben der «Einheit von Ursache und Wirkung» der eine Weg der Wahrheit ist.

Die Welt in ihrer Soheit, die Wahrheit an sich, ist das «Hier und Jetzt». Das unendliche Universum ist stets vor unseren Augen, ohne sich zu verbergen, klar und eindeutig. Es ist nichts, was an diesem Ort vorhanden wäre, an einem anderen Ort aber nicht.

Was Sōsan hier besingt, ist wirklich nichts Außergewöhnliches. Er mag es in schwierige Worte fassen, aber seine Erleuchtung hat nichts Mysteriöses an sich. Das, was normal und gewöhnlich ist, als solches zu betrachten, das ist Sōsan. Es ist im Gegenteil nur mysteriös, daß wir diese klare und durch nichts verborgene Welt in ihrer ganzen Entfaltung nur teilweise sehen. und daß ihr, ausgestattet mit euren fünf wunderbaren Sinnen, mit eurem unvergleichlichen Geist, und obwohl ihr mit der Welt der Wahrheit an sich verschmolzen seid, euch nicht anstrengt, dies zu erkennen.

Die Wahrheit unterliegt
keinen zeitlichen Bedingungen;
deshalb führt ein Moment
der Erleuchtung an sich
zur Ewigkeit.

Die Wahrheit unterliegt
keinen räumlichen Bedingungen;
deshalb führt ein Moment
der Erleuchtung an diesem Ort
zum unendlichen Raum.

極小同大
極大同小

忘絶境界
不見辺表

Das Kleinste ist
gleich dem Größten,
die Grenzen zwischen
den Welten verschwinden.

Das Größte ist
gleich dem Kleinsten,
es gibt keine
festen Grenzen.

Was ist eigentlich klein oder groß? Es sind Worte und Begriffe, die abhängig von den von Menschen erzeugten Grenzteilungen entstanden sind. Genauso wie ein Kuchen, der nicht mit einem Messer zerschnitten wurde, weder kleine noch große Stücke hat, gibt es ursprünglich in der Wahrheit keine Grenzlinien. Form, Farbe, Größe und Schwere, alle diese Unterschiede werden abhängig von den Scheidelinien unserer Vorstellungen erzeugt.

Wir haben zwar die Absicht, Wahrheit zu erkennen, aber was wir in Wirklichkeit wahrnehmen, sind nur

Grenzlinien oder die Teile, die von ihnen umgeben sind. Die Dinge, über die wir nachdenken, sind nicht Wirklichkeit, sondern lediglich Worte und Begriffe. Ursprünglich existieren nirgends irgendwelche Grenzlinien – solange ihr diese Tatsache nicht selbst bemerkt, werden euch die Worte «Das Kleinste ist gleich dem Größten» nur in Verwirrung bringen. Im Zen werden Worte deshalb als «Schlingpflanzen» (jap. *kattō*) bezeichnet; als etwas, das uns in Verwirrung bringt, weil wir uns davon fesseln lassen und so die Wirklichkeit aus den Augen verlieren.

Auch das Kleinste, das wir mit unseren Worten bezeichnen können, ist das Universum an sich – wir sehen das nur nicht, weil unser Verstand von einem begrenzten Teil befangen ist. Das, was wir groß nennen, ist etwas, das in einem großen Rahmen gesehen wird – das Innere nehmen wir lediglich nicht wahr.

Wie ein Lausejunge, der einen Frosch zerlegt, ihn dann wieder zusammensetzen und zum Leben bringen will, so zerlegen wir das, was ursprünglich ohne Grenzen und Scheidelinien ist, in Namen, Worte und Begriffe und leiden dann in unserem Versuch, es von neuem wieder zusammenzufügen zu wollen. Hört auf, in das «Kleinste» und «Größte» zu unterteilen – dann wird es auch nicht mehr notwendig sein, erneut zu sagen, daß sie gleich sind und es keine Grenzen gibt.

Das kleinste Staubteilchen,
so wie es ist,
ist das Universum –
nirgends gibt es so etwas
wie Grenzen zwischen
groß und klein.

Das Universum ist,
so wie es ist,
ein kleines Staubteilchen –
es gibt keine Begrenzungen.

無　有　Sein ist gleich Nichtsein,
即　即　Nichtsein ist gleich Sein.
是　是
有　無

Ist Leere Sein oder Nichtsein? Man sagt, daß das Universum existiert, aber der größte Teil davon ist Leere. Dem werden sicher viele von euch widersprechen, weil ihr die Logik von Worten wichtiger nehmt als Wahrheit.

Nur weil sich die selbstgemachten Begriffe oft nicht richtig zusammenfügen und Widersprüche erzeugen, fühlt ihr euch in eurer Haut nicht wohl. Aber die Widersprüche liegen nicht in der Wahrheit. Nur weil ihr versucht, die Wahrheit, die sich von Anfang an nicht in Begriffen von Sein oder Nichtsein erfassen läßt, in gerade solchen Begriffen zu ergreifen, entstehen Widersprüche und Probleme.

Wenn ihr mit etwas zusammen seid, das ihr vorbehaltlos liebt, sei es eine Blume, eine Person oder eine Landschaft, dann vergeßt ihr euch selbst, und in diesem Moment der Selbstvergessenheit seid ihr zufrieden und glücklich. Bist du in diesem Moment, oder bist du nicht? Sein oder Nichtsein, Erscheinung oder Leere – wenn ihr dieses Gedicht lest, dann hört auf, solche Konzepte gewaltsam zu verknüpfen. Es reicht vollkommen, wenn ihr es, so wie es ist, empfangt. In diesem Moment werden nicht etwa Sein und Nichtsein, Erscheinung und Leere eins – sie existieren von Anbeginn nicht.

Im *Vimalakīrtinirdesha-Sūtra* gibt es ein Gespräch zwischen Vimalakīrti und den Bodhisattvas über den «Eintritt in die Lehre von der Nicht-Zweiheit». Nacheinander äußern sich alle Bodhisattvas dazu. Als Mañjushrī als letzter gesprochen hat, fordert er Vimalakīrti auf, über die Lehre der Nicht-Zwei zu sprechen. Vimalakīrti sagte kein Wort und schwieg![11]

Die Zen-Patriarchen aller Generationen loben dieses Schweigen Vimalakīrtis und sagen, es sei wie ein Donnerschlag. Vimalakīrtis Schweigen steht nicht im Gegensatz zu Reden. Es ist nicht so, daß er nichts ausgedrückt hätte; mit diesem Schweigen wurden vielmehr alle von Menschen erzeugten Grenzen und Scheidelinien in Stücke geschlagen, und die Wahrheit, in der es überhaupt keine Begriffe wie Sein oder Nichtsein, Erscheinung oder Leere gibt, wurde in ihrer Soheit offenbart.

Das ist sicherlich für all diejenigen, die in ihrer Vorstellung eine Welt mit vielen verschiedenen Grenzen

und Trennungen erzeugt haben, ein Schweigen, das
wie ein Donnerschlag die ganze Welt in Stücke
schlägt.

Sein oder Nichtsein,
Erscheinung und Leere –
wo gäbe es denn die?

若不如此
必不須守

Wenn etwas nicht Soheit ist,
braucht man es nicht zu bewahren.

Wenn ihr die Wahrheit nicht erkennt und statt dessen in Teile trennt oder in dualistischen Worten über alles nachdenkt, und wenn ihr dann in dieser Begrenzungen unterliegenden Betrachtungsweise etwas als «das Höchste» erfaßt – gerade das ist Verblendung.

Gibt es Buddha oder nicht? Existiert irgendwo ein Gott oder nicht? Leute, die solche Diskussionen führen, reden über einen Buddha oder einen Gott, den sie nur in ihren Vorstellungen erzeugt haben. Das gleiche passiert mit Übung und Erleuchtung. Es gibt viele, die schon bevor sie überhaupt zu üben angefangen haben, feste Begriffe und Vorstellungen darüber haben, was und wie Übung sein muß. Deshalb können sie, wenn sie in einen Zen-Tempel kommen, nur schwer oder gar nicht in das Leben dort eintauchen, und oft fällen sie, ohne selbst überhaupt mit Übung in Berührung gekommen zu sein, Urteile wie: «In diesem Tempel wird nicht geübt!» Die Menschen, die nach Glück suchen, denken, daß sie jetzt unglücklich sind, aber dennoch ist ihr Kopf angefüllt mit Ideen über Glück, und sie suchen in der ganzen Welt nach etwas, was dieser Idee genau entspricht. Auch unter den großen Patriarchen und Meistern der Vergangenheit gab es viele, die diesen Fehler während ihrer Übungszeit machten.

Eines Tages kam der Mönch Genyo Sonsha zu Meister Jōshū und fragte: «Wenn man nichts hat, wie ist es dann?» Er hatte wahrscheinlich in vielen buddhistischen Werken und Büchern über Zen gelesen, daß Nicht-Geist wichtig sei, und sich geübt, um zu diesem Nicht-Geist zu werden. Als er meinte, diesen Geist-Zustand erreicht zu haben, kam er zu Meister Jōshū mit seiner Frage. Aber Jōshū antwortete nur: «Laß davon ab!» Genyo war mit dieser Antwort nicht zufrieden und fragte weiter: «Wenn ich nichts habe, wovon soll ich dann lassen?» Jōshū erwiderte: «Wenn das so ist, dann trag es doch ewig mit dir herum.» Bei diesen Worten bemerkte Genyo endlich, worin sein Fehler bestanden hatte, und wurde erleuchtet.

> Wenn ihr etwas habt,
> von dem ihr glaubt,
> es sei die letztliche Wahrheit,
> dann ist gerade dies etwas,
> das nicht wert ist, bewahrt zu werden.

一切即一　一即一切　Eins ist Alles,
　　　　　　　　　　　Alles ist Eins.

何慮不畢　但能如是　Kann man es
　　　　　　　　　　　auf diese Weise vollbringen,
　　　　　　　　　　　warum sich dann noch
　　　　　　　　　　　um Unvollendetes sorgen.

Das *Kegon-Sūtra* (Skrt. *Avatamsaka-Sūtra*), auf dem die Hua-yen-Schule, eine bedeutende Schule des chinesischen Buddhismus, die ihre Anfänge bereits im 5. Jahrhundert nahm, basiert, spricht von der gegenseitigen Durchdringung aller Dinge, und dies wird mit Hilfe einer Einteilung der Welt in vier Bereiche veranschaulicht. Diese vier Bereiche sind: die Welt des Absoluten; die Welt der Erscheinungen; die Welt, in der sich Absolutes und Erscheinungen gegenseitig durchdringen; die Welt, in der sich alle Erscheinungen gegenseitig durchdringen.

Dies sind wirklich Schlingpflanzen aus Worten. In der Zen-Übung werden deshalb diese vier Welten als Kōan aufgegriffen, damit so dieses fürchterliche Gewirr aus Worten durchschnitten wird. Die Welt des Absoluten und die Welt der Erscheinungen sind nicht verschieden, aber weil man sie getrennt beschreibt, muß man sie dann wiederum zu «der Welt, in der Absolutes und Erscheinungen sich gegenseitig durchdringen», zusammenfügen. Weil man von einer «Welt der Erscheinungen» spricht, wird es notwendig, von einer «Welt, in der alle Erscheinungen sich gegenseitig durchdringen», zu sprechen, um aufzuzeigen, daß in Wirklichkeit nichts voneinander getrennt ist, sondern daß alles sich gegenseitig beeinflußt und in Harmonie miteinander verbunden ist. Die Schwierigkeiten, die durch dieses *Kegon-Sūtra* verursacht werden, entstehen deshalb, weil die Wahrheit, die nicht aufgeteilt werden kann, in Absolutes und Erscheinung, und ausgehend davon wiederum in verschiedene Kategorien, die in einer Erscheinung enthalten sind, aufgeteilt wird. Es ist deshalb unnötig, sich unter dem «Einen» die Welt der Wahrheit vorzustellen und unter «allem» die Welt der Erscheinungen. Ursprünglich gibt es keine Trennungen – aber wenn ihr das «Eine» als Wahrheit und «alles» als Erscheinung definiert und bestimmt, dann stört ihr nur den natürlichen Geist-Zustand.

Weil es ursprünglich nirgends etwas gibt, was als «Eins» oder «alles» bestimmt werden kann, empfangt es einfach nur so, wie es ist. Dies bezeichnet Shinran Shōnin (Begründer der japanischen Jōdō-shin-Schule, 1173–1262) mit den Worten *«jinen honi»* – «Natur, das Leben des Dharma in seiner Soheit».

Von Anfang an existiert unser Selbst innerhalb des

Ganzen – abhängig von der eigenen Existenz ist alles vollendet. Das Wesentliche ist deswegen nicht, durch Übung ein perfekter Mensch zu werden, besser zu werden als andere, sondern wichtig ist es, stets ein Mensch zu sein, der im Ganzen aufgegangen ist.

Wir sind Existenzen, die ursprünglich mit allem verschmolzen sind. Der Grund, warum ihr euch dennoch unvollkommen fühlt, liegt darin, daß ihr versucht, euch selbst, abgetrennt von eurer Umgebung, vollkommen zu machen. Das Selbst, das von der Umgebung getrennt ist, existiert nur innerhalb eurer Ideen. Wenn ihr euch anstrengt und versucht, dieses Selbst vollkommen zu machen, ist es ganz selbstverständlich, daß stets Unsicherheit und Sorge bestehen. Werdet deshalb friedlich und gelassen in der Verschmelzung mit dem Ganzen – nur darin gibt es Vollkommenheit. Erleuchtung ist das Zurückkehren zu dieser ursprünglichen, mit allem vereinten Gestalt. Wenn ihr solch einen Geist-Zustand erreicht habt, warum solltet ihr euch dann noch um eure Unvollkommenheit sorgen?

> Eins ist, so wie es ist, alles;
> alles ist, so wie es ist, Eins.

> Wenn es auf diese Weise nichts gibt,
> an dem ihr hängenbleibt,
> dann braucht ihr euch nicht
> um letztliche Erleuchtung zu sorgen.

不　信　Glaube an den Geist
二　心　ist Nicht-Zwei,
信　不　Nicht-Zwei ist
心　二　Glaube an den Geist.

Ihr bemüht euch nicht, die Kraft des Großen Lebens, das euch leben läßt, zu erkennen. Ihr seht nur euren kleinen Körper und die Klumpen aus Erfahrungen und Wissen, die sich gebildet haben, nachdem euer Verstand anfing zu arbeiten. Deshalb vertraut ihr euch selbst nicht und seid nicht fähig, euch aufzugeben und euch zu überlassen. Der Geist, von dem Sōsan in diesem Vers spricht, ist nicht euer kleiner Verstand, sondern das Leben, das – euch selbst inbegriffen – das ganze Universum bewegt. Deshalb wiederhole ich immer wieder: Vollkommenheit gibt es nur in der Harmonie mit allem anderen!

Glaube an den Geist
ist Nicht-Zwei,

Eines Tages kam ein Mönch zu Meister Jōshū und
fragte ihn: «Was ist das Härteste, Vollkommenste in
dieser Welt?» Jōshū erwiderte: «Wenn du mich schmähen willst, schmähe mich soviel du möchtest. Wenn
dein eigener Mund nicht ausreicht dazu, dann nimm
noch einen Vogelschnabel hinzu. Wenn du mich an-
spucken willst, dann spucke, solange du kannst. Wenn
deine eigene Spucke nicht ausreicht, dann nimm noch
einen Eimer Schmutzwasser hinzu.»

Vielleicht habt ihr auf den ersten Blick den Ein-
druck, daß die Frage des Mönchs und die Antwort von
Meister Jōshū nicht so recht zusammenpassen. Aber
Jōshū zeigt in seinen Worten klar, daß ein Mensch,
gleich, was er auch tut, was ihm auch geschieht, von
nichts beschmutzt oder verletzt werden kann. Gerade
dies ist das «Vollkommene und Unzerbrechliche».
Gleichzeitig liegt in seiner Antwort die Ruhe und der
Friede von jemandem, der diese Wahrheit erkannt hat,
und wir können darin auch seine Barmherzigkeit sowie den Wunsch spüren, daß der Fragende zur gleichen Ruhe gelangen möge wie er selbst.

Jōshū ist kein Klumpen aus Fleisch, sondern das,
was sich in Harmonie mit allem anderen von Moment
zu Moment dynamisch wandelt, das Große Leben an
sich. Dieser erleuchtete Geist-Zustand kann nicht mit
Worten erklärt werden – es ist ein freier, ungebunde-
ner Geist-Zustand, der weder räumlich noch zeitlich
zu erfassen ist.

Ihr versucht immer alles im Bezugsrahmen von
Raum und Zeit zu ergreifen – solange ihr dies nicht

überschreitet, könnt ihr die Welt der Wahrheit, so wie sie ist, nicht sehen. Dies wurde im *Shinjinmei* durch Worte, die sich selbst innerhalb von Raum und Zeit befinden, ausgedrückt. Aber wenn ihr nur von den Worten ausgehend nach Verstehen sucht, bleibt ihr in der Welt der Worte befangen, bleibt ihr innerhalb der Grenzen von Raum und Zeit.

In der Welt der Nicht-Zwei gibt es weder gestern noch heute oder morgen. Die Vergangenheit ist nicht, denn sie ist schon vorbei und existiert nicht mehr; die Zukunft ist nicht, denn sie ist noch nicht erschienen; und auch die Gegenwart ist nicht – denn genauso wie lang und kurz, das Eine und die Vielen – kurzum alle Gegensätze – nur abhängig voneinander existieren können, so sind auch die Begriffe Vergangenheit, Gegenwart und Zukunft voneinander abhängig. Ohne das eine kann es das andere nicht geben. Ohne die Begriffe Vergangenheit und Zukunft verliert auch der Begriff der Gegenwart als Bindeglied zwischen den beiden seine Bedeutung. Keine Vergangenheit, Zukunft und Gegenwart – und was erscheint ist eine Welt, die Begriffe von Zeit und Raum überschritten hat.

Deshalb sagt Sōsan:

非　言　Der Weg der Worte ist zu Ende –
去　語　keine Vergangenheit,
来　道　Zukunft und Gegenwart.
今　断

Und mir bleibt nur zu sagen:

Von hier an, sieh selbst:
das Wahre,
ohne Vergangenheit,
Zukunft und Gegenwart.

Anmerkungen

1 Das *Mumonkan* (chin. *Wu-men-kuan*, wörtl. «Torlose Schranke») ist eine der beiden wichtigsten Kōan-Sammlungen der Zen-Literatur. Es wurde von dem chinesischen Meister Mumon Ekai (chin. Wu-men Hui-k'ai) zusammengestellt, umfaßt 48 Kōan und wurde im Jahr 1229 veröffentlicht.

2 Das *Hekigan-roku* (chin. *Pi-yen-lu*, wörtl. «Niederschrift von der blaugrünen Felswand») ist neben dem *Mumonkan* die wichtigste Kōan-Sammlung und auch die älteste. Sie wurde in der ersten Hälfte des 12. Jhs. von dem chinesischen Zen-Meister Engo Kokugon (chin. Yüan-wu K'och'in) verfaßt und umfaßt 100 Kōan.

3 Siehe Kōan 19 im *Mumonkan*.

4 Siehe Kōan 2 im *Hekigan-roku*.

5 Siehe *Rinzai-roku* (chin. *Lin-chi-lu*, wörtl. «Aufzeichnung der Worte von Meister Rinzai»). Englische Übersetzung von Ruth F. Sasaki unter dem Titel *The Record of Lin-Chi*, Institute for Zen Studies, Kyōto 1975, und auch *The Record of Rinzai*, übersetzt von Irmgard Schloegl, London 1975.

6 Siehe Kōan 45 im *Hekigan-roku*.

7 Rainer Maria Rilke: *Über den jungen Dichter*, Frank-
furt/M. (Insel Tb 340) 1966, S. 70.

8 *Dentō-roku*, Rolle 14, Kapitel über Yakusan Igen.

9 Teilweise zitiert nach Zenkei Shibayama: *Zu den
Quellen des Zen*, Bern u. a. (O. W. Barth) 1976.

10 Zitiert nach *Augenblicke der Stille*, Worte und Gedanken großer Zen-Meister, München (Heyne)
1986.

11 *Vimalakīrtinirdesha-Sūtra*, Kapitel 9, «Über den
Eintritt in die Lehre von der Nicht-Zweiheit».